本研究获 2016 年度国家社会科学基金重大项目
（批准号 16@ZH022）资助

彭明瀚

———

编著

刘贺藏珍

海昏侯国遗址博物馆

十大镇馆之宝

Liu He's Treasures

Top 10 Collections of
Nanchang Haihun Principality
Site Museum of Han Dynasty

文物出版社

图书在版编目（CIP）数据

刘贺藏珍：海昏侯国遗址博物馆十大镇馆之宝 / 彭明瀚编著. -- 北京：文物出版社, 2020.9（2021.6 重印）

ISBN 978-7-5010-6784-8

Ⅰ.①刘… Ⅱ.①彭… Ⅲ.①汉墓－出土文物－介绍－南昌 Ⅳ.①K878.8

中国版本图书馆CIP数据核字（2020）第159270号

刘贺藏珍：海昏侯国遗址博物馆十大镇馆之宝

编　　著：彭明瀚

封面设计：刘　远
责任编辑：彭家宇　秦　彧
责任印制：苏　林
出版发行：文物出版社
社　　址：北京市东城区东直门内北小街 2 号楼
邮　　编：100007
网　　址：http://www.wenwu.com
邮　　箱：web@wenwu.com
经　　销：新华书店
印　　刷：文物出版社印刷厂有限公司
开　　本：889mm × 1194mm　1/32
印　　张：5
版　　次：2020 年 9 月第 1 版
印　　次：2021 年 6 月第 2 次印刷
书　　号：ISBN 978-7-5010-6784-8
定　　价：58.00 元

目　录

前　言

　　海昏侯刘贺墓考古成果惊艳世界，揭开了 2000 年前汉代海昏侯国的神秘面纱，是秦汉考古的重大发现，名列 2015 年度全国十大考古新发现。2015 年 11 月海昏侯刘贺墓发掘的消息被正式披露以来，引起了社会各界的持续关注，学术界从墓葬出土文物、墓主到海昏侯刘贺所处时代的社会历史文化等方面进行多维度、多层面探索，成为近年来我国学术界一边考古发掘、披露信息，一边展览展示、研究讨论的一个典型案例，海昏侯一度成为海内外文化界最热的词语。

科学考古

　　海昏侯之所以引起社会关注，在于严谨科学的考古。2011 年 3 月 23 日，江西省文物部门接到群众举报，在南昌市新建县（现为新建区）

刘贺墓园发掘前远眺

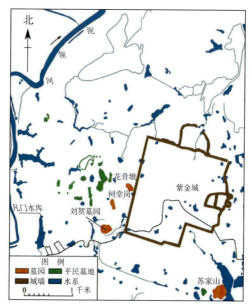

海昏侯国城址墓葬分布示意图

大塘坪乡观西村墎墩山一座古墓葬被盗。江西省文物考古研究院当即派员会同南昌市和新建县文物部门进行现场勘查，杨军考察后认定该墓规模较大，等级较高，可能与文献记载的汉代海昏侯国这段历史有关，是一座重要古墓，应立即着手抢救性考古发掘。国家文物局于 2011 年 4 月 6 日在南昌召开新建县墎墩墓保护问题专家论证会，会后批准了这一抢救性考古项目。海昏侯墓的发掘和保护工作，严格按照国家文物局"一流的考古，一流的保护，一流的展示"要求进行。

海昏侯墓考古工作在国家文物局专家组的现场指导下，集全国各方面专家之力，运用现代高新科技手段，保证了考古发掘、文物保护、科学研究、展示利用的科学、规范和权威性。考古工作不仅重视墓葬本体的发掘，而且十分注重墓园的结构、周边墓葬群及其与紫金城之间的相互关系，从而保证了整个发掘工作具有前瞻性和全局性。在对海昏侯墓进行抢救发掘前，先行在其周围方圆 5 平方千米的区域进行了全面、

北

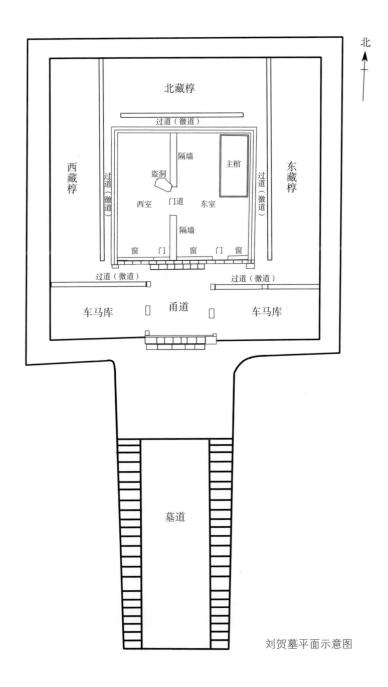

北藏椁

过道（徼道）

西藏椁

过道（徼道）

东藏椁

隔墙

盗洞

主棺

西室

门道

东室

过道（徼道）

隔墙

窗 门 窗 门 窗

过道（徼道）

过道（徼道）

车马库 甬道 车马库

墓道

刘贺墓平面示意图

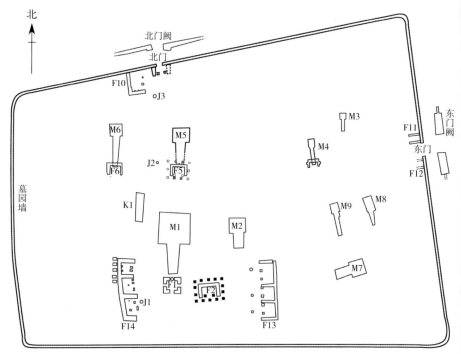

刘贺墓园平面示意图

系统的考古调查，并对海昏侯墓及其墓园进行了重点调查和勘探，发现了以紫金城城址、历代海昏侯墓园、贵族和平民墓地等为核心的海昏侯国遗存。结合文献记载，基本确认面积达3.6平方千米的紫金城址为汉代海昏侯国都城，分内城和外城。内城位于城区东部，为宫殿区，面积约12万平方米。紫金城城址西面和南面为墓葬区，其中花骨墩、祠堂岗、墎墩、苏家山为几代海昏侯的墓园。2012～2013年先后发掘了1座车马坑、3座祔葬墓，解剖了2座园门、门阙及各式墓园建筑基址。

刘贺墓园以海昏侯和侯夫人墓为中心，墓园呈梯形，占地约4.6万平方米，由2座主墓、7座祔葬墓、1条外藏坑和园墙及相关礼仪性建筑构成。刘贺墓及其夫人两座主墓同茔异穴，占据了墓园最高亢、中心的位置,两墓共用一个面积约 4000 平方米的礼制性高台建筑。该礼制性建筑由东西厢房、寝和祠堂构成,其中寝边长约 10 米;祠堂东西长约 14、南北宽约 10 米。海昏侯墓本体规模宏大,上有高达 7 米(相当于汉代的 3 丈)的覆斗形封土,下有坐北朝南的甲字形墓穴,面积达 400 平方米。从整体上看,其结构呈居室化倾向,属于西汉中晚期采用"汉制"埋葬的列侯墓葬。

海昏侯墓的考古发掘始终将文物现场保护摆在首位,文保专家与考古人员紧密合作,提出合理预案,共同参与到文物提取和保护工作中;采用实验室考古套箱提取的方法,有效保护脆弱质文物和埋藏情况复杂的文物;提取出的文物经现场应急保护处置后,才进入工地文物保护工作用房,实施专门保护。2014 年开始发掘主墓,2015 年完成椁室回廊、主椁室的发掘、清理,主棺套箱提取进行实验室考古。

刘贺墓正射图

刘贺墓主棺正射图

堆金积玉

  海昏侯之所以引起社会关注，在于珍贵精美的文物。在"事死如生"观念支配下，西汉王侯陵墓的随葬品种类多、数量大，成为墓主人生前身份和地位的重要标识。刘贺墓出土金器、青铜器、铁器、玉器、漆木

五铢钱出土场景

器、陶瓷器和简牍等各类文物近 2 万件及 10 余吨五铢钱，其种类之多、数量之大、品质之精，为西汉王侯墓考古所仅见。迄今为止，经过考古勘探、清理或发掘的西汉诸侯王及王后墓 58 座，列侯墓 20 余座，出土文物没有 1 座超过海昏侯墓。

　　海昏侯墓出土的 5000 多枚竹简和近百版木牍在 2000 年后重见天日，是我国汉简发现史上的惊世大发现，更是江西考古史上的首次发现。出土的整套乐器，包括 2 堵编钟、1 架编磬和 36 尊伎乐木俑，形象再现了西汉诸侯的用乐制度，反映了汉代继承《周礼》"诸侯轩悬"、乐舞"六佾"（36 人）的乐悬、舞列制度。外藏椁车马坑出土的 5 辆实用安车和 20 匹马、甬道内出土的属于导车性质的偶乐车、南藏椁出土的属于从车性质的多辆真车，直观再现了西汉列侯车舆、出行制度，尽显王侯威仪。特别是 2 辆偶乐车，一辆为金车，一辆为鼓车，这种"金车、鼓车并用"的组合为西汉列侯的车舆、出行礼仪作了全新的诠释。480 件裹蹏金和麟趾金、饼金、钣金是我国汉墓考古史上保存最完整、

金币出土场景

凤鸟纹玉耳杯

雁鱼青铜灯

龙纹漆盘

种类最全、数量最多的一次发现，终结了关于褭蹏金与麟趾金一千多年来的争论。工艺精湛的玉器，错金银、包金、鎏金铜器，图案精美的漆器，显示出西汉高超的手工业工艺水平，形象地再现了西汉时期贵族的生活，是汉人思想意识、礼乐文明、审美情趣、社会生活的反映，具有极高的历史价值、艺术价值和科学价值。

刘贺传奇

海昏侯之所以引起社会关注，在于富有传奇色彩的墓主。刘贺是汉武帝刘彻之孙，昌邑王刘髆之子。刘髆为汉武帝最宠爱的李夫人所生，天汉四年（公元前97年）被汉武帝立为昌邑王。在汉武帝六子中，刘髆位列第五，他既没有政治野心，又没有什么政绩，所以在《汉书·昌邑哀王髆传》中只有九个字记载："天汉四年立，十一年薨。"后元二年（公元前87年）刘髆死后，刘贺继立为昌邑王。在刘贺继承王位后的第十三年，即元平元年（公元前74年）四月，昭帝驾崩，无子继嗣，大将军霍光奏明皇后同意后拥立刘贺，主持昭帝丧事，即皇帝位。

刘贺即位后与亲信淫戏无度，违背圣道，还把原昌邑国的官属越级提拔为朝官，威胁到霍光集团的利益。于是霍光暗中与车骑将军张安世商量废黜刘贺的计划，率领群臣向皇太后奏陈昌邑王不可以承受宗庙的情况。皇太后同意大臣的陈奏，废黜刘贺，但原昌邑国的财产仍归刘贺所有，另赐食邑二千户，既没封新爵，也没说免为庶人，称"故王"，

山东巨野刘贺
王陵废冢

这是一个很特殊的处分方案。刘贺凭昌邑王国财产和二千户食邑，仍有条件过着钟鸣鼎食的奢侈生活。元康三年（公元前63年），宣帝为了安抚刘姓宗室，封刘贺为海昏侯，食邑四千户，但同时又规定刘贺不宜参加宗庙朝聘之礼，实质上是一个没有政治权利、仅能享有封国租税的列侯。没过多久宣帝找个借口削减刘贺食邑三千户，刘贺就成了一名千户侯。神爵三年（公元前59年），海昏侯刘贺病逝，汉宣帝废除海昏侯国。至初元三年（公元前46年），元帝才封刘贺子代宗为海昏侯。代宗死子保世嗣位。保世死子会邑继立，直到东汉建武年间海昏侯国仍存在。

刘贺一生富有传奇色彩，他经历了第二代昌邑王、西汉第九位皇帝、昌邑"故王"、第一代海昏侯4个身份，是中国历史上唯一集"帝、王、侯"

"昌邑二年"青铜鋗

身份于一身者，也是汉代唯一失去帝位而又善终者。他虽失去帝位，却仍拥有昌邑国财富。也就是说，刘贺在从汉皇帝被废后，没有恢复昌邑王身份，但又能继续住在昌邑王宫，继承了原昌邑王国的所有财物，比如，"昌邑籍田"青铜鼎、青铜编钟、安车、褭蹏金、麟趾金等，都是西汉诸侯王才可以拥有的物品。"昌邑令印"封泥木匣，上面墨书"海昏侯家钱五千"，匣内装有五串五铢钱，每串一千枚，两头用木封泥匣夹好，表明相当一部分五铢钱是从当年的昌邑王国带入海昏侯国，是刘贺继承原昌邑王国财产的极好脚注。因此在刘贺封为海昏侯时，其父刘髆和他共两代昌邑王的所有积蓄都带到了海昏侯国，海昏侯国因此就拥有了其他列侯都无法比拟的巨量财富。他死后，海昏侯国被废，昭示身份的物品不能被子女继承，只能深埋地下，这便是刘贺墓出土文物极为丰富的主要原因。

"昌邑令印"封泥木匣

《除国诏书》木牍

海昏侯热

海昏侯要保持长久影响力，关键在于让文物活起来。刘贺墓考古过程中，我们特别注重文化传播。2015 年 11 月 4 日在南昌召开新闻通报会，向社会公众发布了前期考古成果，一时间各路媒体争相报道，社会公众的"海昏热"被媒体点燃。此后，考古人及时向媒体披露最新发现，众媒体纷纷跟踪报道，社会公众关注、"围观"海昏侯，使得海昏热进一步升温。与此同时，我们又注重学术支撑，因势利导，积极引导公众的海昏热向汉代历史文化、中国传统文化、江西文物保护利用等话题转移，把海昏热转变为江西文物热、国学热。为了进一步增强海昏侯国遗址文化影响力，扩大宣传效果，2017 年 8 月，南昌汉代海昏侯国遗址博物馆联合江西省文物考古研究院和江西省博物馆，以当时在江西省博物馆举办的《惊世大发现——南昌汉代海昏侯国考古成果展》为抓手，共同主办 "海昏侯国·美丽呈现" 2017 年南昌汉代海昏侯国遗址十大文物网络评选活动，我们前期组织了文物考古专家从近 2 万件出土文物中精心挑选 42 件（套）精美文物候选，采取线上、线下两种投票方式同时进行。社会公众既可以在江西省博物馆展览现场投票，也可以在主办方的官方微信公众号、微博、官网上投票。此次评选活动分为初选和专家评审两个阶段，初选是综合线上线下总票数，初选出 20 件文物，然后由信立祥等知名专家根据文物的历史、艺术、科学价值，评定海昏侯国遗址具有代表性的十大文物。同年 11 月 9 日，在南昌召开新闻发布会，笔者向社会公布了"刘贺"螭纽玉印、孔子徒人图漆衣镜、《齐论》简等海昏侯国遗址具有代表性的十大文物，这便是海昏侯国遗址博物馆十大镇馆之宝。

海昏侯墓园结构之完整、布局之清晰、保存之完好，拥有祭祀体系，为迄今所罕见，对于研究西汉列侯墓园的园寝制度具有重大意义；海昏侯墓是我国长江以南地区发现的唯——座带有真车马陪葬坑的墓葬，海昏侯墓本体规模宏大，椁室设计严密、结构复杂、功能清晰明确，

海昏侯十大文物发布会

对于研究、认识西汉列侯等级葬制具有重大价值；出土近 2 万件珍贵文物，是汉武盛世和昭宣中兴这一历史时段的重要物证，形象再现了西汉时期高等级贵族的生活；以紫金城城址、历代海昏侯墓园、贵族和平民墓地等为核心的海昏侯国一系列重要遗存，共同构成了一个完整的大遗址单元，这是我国目前发现的面积最大、保存最好、内涵最丰富的汉代侯国聚落遗址，是重要的历史文化遗产，具有重大展示利用和科学研究价值。

江西省委、省政府高度重视海昏侯国遗址文物保护，2016 年成立南昌汉代海昏侯国遗址管理局、遗址博物馆，专门负责该遗址考古发掘、文物保护、文物研究、文物展示，推动国家考古遗址公园建设，标志着海昏侯国遗址文物保护利用工作进入新阶段。海昏侯国考古遗

海昏侯国遗址博物馆外景

址公园包括游客服务中心、遗址博物馆以及全国重点文物保护单位紫金城城址与铁河古墓群保护、展示，一期建设任务主要有游客服务中心、遗址博物馆、紫金城西城门和刘贺墓园4个节点工程，面积约3平方千米。我们着眼于文物科学保护、合理利用，着眼于保护大遗址、建设大文化、形成大产业、树立大品牌，着眼于让文物活起来，让海昏侯文物在承载灿烂文明，传承历史文化，维系民族精神中发挥积极作用，经过4年多的精心规划、精致建设，一个集文物保护、文明传承、文创产业、文化旅游于一体的国家考古遗址公园初步建成，即将精美呈现。这里是历史文化名城南昌的新地标，也是江西文化的新名片，更是建设南昌国际大都市的引爆点。

方寸信物　解密墓主——「刘贺」螭纽玉印

　　"刘贺"螭纽玉印出土于主棺椁内棺中部刘贺遗骸腰部位置。印文"刘贺"二字，是揭示墓主身份最直接的物证。

　　该印是汉代常见的方寸印，由和田白玉制成，玉质坚硬致密，滋润莹秀，纯净无瑕，印纽有少量褐色沁。高浮雕幼螭纽，螭首作三角形，曲耳，弯眉鼓眼，尖嘴，长髭毛，躯体呈C形，饰鳞状纹，尾卷曲；左腿拱起外蹬，右腿紧贴躯体，二爪。螭腹下方钻成扁圆形孔。印台上部有四面坡，为盝顶方形，光素无纹。印面呈正方形，阴刻篆书"刘贺"二字，左右等分，结体严谨大方，四周留有"通道式"余地，没有边框和界格，字迹线条粗细基本一致，空间分割不尚奇，不竞巧，讲求匀适，线条细挺刚健，起收笔处多为方起方收，静穆而无怒气，雄健而无锋芒，显示出方朴端重的艺术风格。此印通体打磨光亮，玉质之精美，螭龙造型之生动，字体之规整大气，雕琢技法之娴熟，都是十分罕见，透出西汉鼎盛时期的雍容气度，属汉代玉印之精品。

古代的"玺"和"印"

　　我国古代玺印制度可追溯到商代晚期，起源于商代的族徽铭文，出现于春秋战国时期，历代沿用，流传至今。印章在春秋战国时期称"玺"，秦代规定皇帝之印称"玺"，其余称"印"。汉代皇帝、皇后、诸侯王之印称"玺"，其他称"印"或"章"。印本是人们作为认证身份、地位的信物，故有"印，信也"之说，是指各级政府、官吏和庶民的信物凭证，有"玺""印""印信""章""印章"等不同名称。

　　先秦印玺从简单的符号、工官、地名、官署等内容的戳记，发展

"安成侯印"龟纽金印

到古拙、图案化的商代铜印、玉印，再到春秋战国形制各异、文风随性的古籀小玺，此时的印章没有统一的规范，也无尊卑之别。据《汉旧仪》记载："秦以前民皆佩绶，以金、银、犀、象为方寸玺，各服所好。"秦统一六国，统一文字，确立玺印制度，规定只有天子之印称"玺"，用玉制作。

印章由印纽、印台两部分组成，印纽变化最为丰富，形制多样，有鼻纽、瓦纽、桥纽、动物纽等数十种之多，时代特征较为明显，是权力、等级的标志，螭虎纽是皇帝之玺的专用纽式，二千石以上的高官用龟纽银印，一千石以下的官吏用瓦纽铜印，二百石以下的官员用鼻纽半通铜印。刘贺墓与其他诸侯王墓相比，缺少金质官印，比如，江西莲花县安成侯墓就出土了一方"安成侯印"龟纽金印。印台底部刻字，称为印面，印面多为正方形，称"通官印"，长方形的称"半通印"，此外还有圆形、菱形等形体。印文有铸、刻之别，又有白文、朱文印之分；印文字体变化多样，有大篆、秦篆、缪篆、隶书、鸟虫书、九叠篆之别；从材质来分，有铜、石、玉、金、银等，铜是两汉时期最为常用的印材。

汉官印与私印

印章就归属来分,有官印、私印,官印是任官和官署之印鉴,是身份、等级、爵位、权力的象征;私印为个人所铸刻、使用,有姓名印、吉语印、肖形印、箴言印和鉴藏印数种。

秦汉时期,印章极为兴盛,无论是多样的形式、变化的文字,还是制作水平,都达到了空前的高度,成为后世篆刻艺术的典范,具有很高的史料价值和艺术价值。汉武帝于元狩四年(公元前 119 年)、太初元年(公元前 104 年)先后两次规范印章制度,对官印的大小、形制、材料、纽式都做了明文规定,形成汉印风范。西汉后期,印面界格、边栏消失,印面增大,多为白文刻款。新出带名号的二面印和缪篆、鸟虫书等美术字体印。

西汉中晚期至东汉前期,私印制作达到巅峰状态,上至皇帝、后妃,下至王国、郡县的贵族都喜欢以玉、玛瑙、琉璃等玉石质材料琢印,以玉为印在当时是身份和地位的象征。据不完全统计,传世汉代玉印约 500 方,可见汉代玉石质印玺的珍贵罕有,其中只有吕后墓园出土的"皇后之玺"和西汉早期的"淮阳王玺"两印为官印,其他均为私印,"刘贺"玉印即属于私印。

"刘充国印"龟纽银印

"大刘记印"龟纽玉印

　　汉私印纽式亦繁富多样。常见的鼻纽、瓦纽、龟纽外，覆斗纽、鹿纽、马纽、羊纽、蛙纽等都是私印的纽式创意，其中覆斗纽占有绝对优势，表现了充满生活情趣的艺术构思，赏玩的意味明显增强，比如南越王墓出土的"赵眜"玉印、"泰子"玉印、"赵蓝"玉印等 3 方私印以及长沙马王堆 2 号墓出土的"利苍"玉印均为覆斗纽。由此可见，"刘贺"玉印在纽式选择上走的是一条舍简趋繁、避易就难的路子，同样的情况也见于刘贺长子刘充国墓出土的一方"刘充国印"龟纽银印。西汉螭纽玉印，除"刘贺"玉印之外，目前仅见"皇后之玺"玉印和中山靖王刘胜墓出土的一方无字玉印，"刘贺"玉印采用皇帝玺印才能使用的螭纽造型，在汉武帝时期规范印章制度之后的私印中罕见。但是伴出的"大刘记印"玉印及一方无字玉印，纽式皆为与刘贺身份相称的龟纽。

山河精蕴

美玉比德——熊形石嵌饰

熊形石嵌饰
高 5.2、宽 4.1、厚 0.3 厘米

　　熊形石嵌饰出土于刘贺墓西藏椁，由浅灰白色灰岩雕琢而成，沁
蚀严重。呈片状，单面浅浮雕，整体呈熊侧身蹲踞状，作抚胸招手式；
头部取正面剪影，头顶有毛发，独角，双耳竖立，面部宽扁，似熊面，
鼓目宽眉，圆眼外凸，眼尾上翘，双眉上挑，云头鼻，鼻梁有线纹，鼻
翼外鼓，张口吐舌，三颗门齿外露；兽身圆胖，似人形，袒乳露脐，凸
腹；四肢粗壮有力，熊形爪足，爪分五指，指长且尖，右爪放于胸前，
右腿弯曲，右膝跪地，左足着地，左膝撑起左肘，左爪附于左耳旁，掌
心向前举至头部。兽身以涡纹勾勒关节，毛发较少，仅在肘部、膝盖、
足跟处以平行短线纹表现髭毛。

透雕龙形石嵌饰

双狼噬猪石嵌饰

罕见的兽形嵌饰

　　熊形石嵌饰共 2 片，系漆卮上的嵌饰，漆卮出土时已朽烂。该漆
卮的嵌饰还有双狼噬猪、龙、凤鸟等形状的石嵌饰各 2 片，螭虎形石嵌
饰 1 件，材质、呈色相近。龙形饰件为双面透雕，当为漆卮盖嵌饰；熊
形、双狼噬猪、凤鸟纹石嵌饰均为片状单面浅浮雕，正面抛光，背面未
打磨，便于粘贴牢固，当为盒腹嵌饰；螭虎形石嵌饰为圆雕，可能是漆
卮的鋬。熊形石嵌饰雕琢细致，线条流畅，凹凸有致，刻画传神，立体
感强。在有限的石料上，工匠施展出无限的才华，寥寥数笔，神兽跃然
而出，活灵活现。其头、身、嘴、手、脚均不成比例，似人非人，似鬼
非鬼。表情不知是正在发怒还是发笑，十分滑稽，招人喜爱，目前出土
文物中均未见过同样的形象。从审美的角度看，越是怪异就越显得神秘，
越显得神秘就越能够引人瞩目。这是一件罕见的精美汉代石雕，代表着
汉代高超的玉石工艺水平。

自由奔放的汉玉

在中国古人眼里，玉是温润而有光泽的美石，玉器就是用这些美石雕琢而成的器物。由于这些玉器制作于不同的历史时代，体现着不同的历史背景，承载着不同的历史使命，因此，玉器就具备了自然和社会两方面的属性。中国是世界文化史上久盛不衰、大放异彩的玉器之邦。中华民族有八千年玉文化历史，是爱玉、崇玉、尊玉的民族，它萌芽于新石器时代早期，产生于新石器时代中晚期，发展于先秦时期，兴盛于汉代。在漫长的岁月中，玉器被人们赋予了神秘的色彩，承载着人们的精神寄托，深深地根植于中国传统文化，在社会生活中发挥着其他艺术品无法替代的作用。玉所特有的美丽光泽和温润内质受到人们重视和推崇，被赋予人文之美，对古代政治、礼仪、商贸、宗教、信仰乃至生活习俗和审美情趣产生深刻影响。儒家学派继承并发扬古人爱玉、崇玉的

谷纹玉璧

龙凤纹鞢形玉佩

传统,选择玉作为其政治理想和道德观念的载体,提倡"君子比德于玉",将玉道德化、人格化,使得玉器既体现着拥有者的社会地位,又表达人的品德,形成一股用玉浪潮。汉代更是从玉的质、色、声、雕等内涵升华出玉的五德,以呼应儒家仁、义、礼、智、信五种人格,从物质、精神两个层面赋予玉美和德双重品格。

我国玉器工艺源远流长,因为玉的硬度较高,加工时需要特殊的工具和方法,随着生产力的进步,历代琢玉技术也相应提高。琢玉工具有石英砂(俗称解玉砂)、钻、无齿锯、砣、刻刀等;工艺技术有切、钻、锯、刻、凿、抛光等,切就是切料作坯,钻分孔钻和管钻。汉代稳定的政治和繁荣的经济为琢玉业提供了良好的社会环境；丝绸之路开通，和田玉材源源不断输入，为琢玉业提供了充裕的原料，玉器制作业进入全面发展阶段，制作工艺日益精湛，各类玉器的功能也逐渐固定下来。由于钢锯、钢刻刀的使用，琢玉技术在继承春秋战国的基础上有很大提高，浮雕、透雕、阴线刻、阳线刻等技法明显增多，抛光精细，各种纹饰都可以随心所欲地雕琢出来。

汉代工匠采用写实与夸张并用的创作手法，舍弃细节，注重整体效果，着力表现创作对象的神韵，将富有浪漫色彩的天上神仙生活与具有浓郁生活气息的现实世界，有机地结合在一起，这时除了传统的龙凤等神灵之外，那些传说中能避魔驱邪，带来祥瑞的神兽如螭龙、天马等成为新的艺术形象，它们能够在九天飞翔，与神仙沟通，载人升仙。汉代玉器因此充满自由奔放的韵味，具有浪漫主义的情怀。汉代玉器艺术是中国玉器史上最为辉煌的时代，有着前所未有的想象力和创造力，很多造型、器形与纹饰被后世模仿，如螭纹、龙纹、熊纹、虎纹、鸟纹等，不仅有着结实的肌肉、矫健的身躯，而且其身体的扭曲、游动感是后世玉雕所无法比拟的，尤其是对螭纹、龙纹的刻划，张力十足，充满无限的生机与活力，有着前无古人、后无来者的大气磅礴之势，是后世玉器艺术无法达到的高峰。

螭纹龙首玉带钩

螭纹石剑珌

　　汉代是目前发现玉器最多的时代，考古出土品及传世品均非常丰富，精品多集中于诸侯王及高等级贵族墓中。刘贺墓出土玉器400多件，器类40多种，既有圭、璧一类礼仪用玉，又有印、带钩、佩、耳杯和剑饰之类生活用玉，都是西汉流行的器种，代表了当时官营手工业琢玉工艺。

轩悬雅乐

金石和鸣——青铜编钟

　　青铜编钟共出土二堵，24 件，其中鎏金纽钟 14 件、甬钟 10 件，鎏金青铜龙纹套头、鎏金青铜虡各 2 套。

鎏金青铜编纽钟

　　鎏金青铜编纽钟出土于刘贺墓北藏椁。14 件纽钟保存完好，造型、纹饰相近，大小依次递减，出土时整齐地悬挂在钟架上。钟簨为红地彩绘漆木质，两端镶嵌鎏金龙纹青铜套头；簨上插 3 块业，业呈三角形片状，红地彩绘漆木质，中心部位各嵌 1 枚青铜镜，与大云山江都王墓出土钟簨镂空透雕鎏金云龙纹青铜业的做法不同，构思巧妙，系首次发现。伴出 2 件青铜神兽虡，竹节状青铜虡立于神兽虡座上，U 形托座承托钟簨。虡座为兽形，似驼，长嘴合口，圆目小耳，脑部、后背各有一驼峰，背脊中部有一圆形銎，前足跪坐，后足蹲踞，短尾后垂，腹部饰鎏金龙

鎏金青铜编纽钟
最大：通高 27.0、宽 17.5、纽高 7.1 厘米
最小：通高 13.0、宽 7.5、纽高 4.0 厘米

鎏金龙纹青铜套头

纹，类似的虡座见于大云山江都王墓。

钟体作合瓦形，呈扁凸状，铣棱中部外鼓，两端内敛，显得矮胖浑圆；
于口弧曲，有棱状内唇；腔面以粗阳线框分隔出钲、篆、鼓、枚各区。
舞下、钲下、于口以及铣棱两侧饰以鎏金弦纹。舞平素无纹，置扁平长
条环形纽；钲部两侧有 4 组枚，每组 9 个，分 3 行，以篆带相隔；枚呈
乳丁状，其上刻细线纹；钲部、篆带饰鎏金变形龙纹，鼓部饰鎏金对称
龙首纹，正鼓部饰一个鎏金蘑菇状点纹，作为正鼓音的演奏标记；正面
鎏金纹饰清晰，背面由于经常演奏敲击，致使局部脱落。钟腔于口内壁
4 个侧鼓部均焊接楔形音梁，向上顺腔体延伸至枚区。钟内腔留有调音
刻凿的痕迹。其中第 14 号纽钟，是最小的一件，保存完整，器形与前
述 13 件相类，舞、征、篆、鼓部饰龙纹，钟腔于口内壁 4 个侧鼓部均

业

簨

虡

虡座

编钟架各部位名称示意图

鎏金龙纹青铜神兽虡座（纽钟架）

鎏金龙纹青铜纽钟纹饰

有楔形音梁，形状与前述纽钟的音梁略有不同。按照编钟的发音规律，钟体越小发音越高，故14号钟本该是该套纽钟中发音最高者。经测音，14号钟音高次于13号钟，又属于该套纽钟中不可或缺的一件，如果缺少14号钟，该肆纽钟高音区的音列就不完整，无法构成五声音阶或七声音阶，其表现力会大打折扣，甚至整套纽钟会蜕变为仅供摆设的礼器，因此14号纽钟既是出于西汉王者之乐14件一堵礼制的需要，也是一肆编纽钟完整音列的需要，在编列中位居该套纽钟中第13号，系原钟遗失后所补配。自西周始，出于乐律方面考虑，编钟、编磬拼凑使用是一种普遍现象。

先秦编钟的"一钟双音"是我国一项辉煌的科学成就。一钟双音是指分别敲击钟体正鼓部和侧鼓部各可以发出一个乐音，一般称之为正鼓音和侧鼓音。目前所见的编钟实物，标记侧鼓音的纹饰均标记在编钟正面的右侧鼓部。但是从刘贺墓编纽钟来看，在实际的编钟演奏活动中并非如此。中国艺术研究院王清雷先生认为，刘贺墓编纽钟正面的鎏金

龙纹青铜纽钟

纹饰保存较好，背面则磨损较多，有的甚至非常严重，这说明编钟在演奏侧鼓音时，左、右侧鼓部均可敲击，并非仅敲击右侧鼓部。王清雷团队通过对其中 8 件纽钟进行测音采样后发现，纽钟音律准确，音阶流畅，音色基本统一，五音具备，其正、侧鼓音的音程关系为大三度或小三度，均为可以演奏双音的实用乐钟，可以完美演奏现代歌曲《荷塘月色》，但与洛庄吕王墓出土编钟一样，都存在余音冗长的缺陷。

编甬钟

编甬钟出土于刘贺墓北藏椁，共 10 件。伴出 2 件虡，竹节状青铜虡立于鎏金青铜神兽虡座上，U 形托座承托钟簨。虡座为神兽形，似龙，

纽钟正面与背面鎏金纹饰保存状况对比图

昂首，双角，圆目长耳，背顶有一圆形銮，两侧有翼，前足微屈，后足
蹲踞，长尾及地，腹前部有一条凸脊，贴于地面，用于稳固，通体鎏金，
类似的虡座见于大云山江都王墓。

钟身呈扁凸状，铣棱两端内敛，显得矮胖浑圆；于口弧曲，有棱
状内唇；腔面以粗阳线框分隔出钲、篆、鼓、枚各区；竹节状实心甬，
甬上端有一道折棱，中段有 2 道相连的瓦楞纹，下端有一道凸宽带，其
上有旋，旋作螭状，上半身有多道平行排列的短斜直线，近头部处有卷
云纹，旋上有一个螭头形干，以 S 形卷纹下部为螭眼；钲部两侧有 4 组
枚，每组 9 个，分 3 行，以篆带相隔。从器表纹饰和铭文看，这套编甬
钟是出于某种需要由原本属于不同编列的甬钟拼凑而成。

旋

干

枚

篆

鼓

于

甬

舞

钲

铣

青铜甬钟各部位名称示意图

鎏金青铜神兽虡座（甬钟架）

甬钟腔体内壁音梁

10件甬钟大致可以分为三类：

第一类为几何纹甬钟，编号为 1 ～ 3 号，共 3 件，螺旋式乳丁枚，甬部中段为三角纹，内填篦点纹和花卉纹，其篆间、篆带、钲部和舞部为完全图案化的菱格纹，这是汉代典型的编钟纹饰。1 号甬钟侧鼓部刻铭文"东道羽重百一十斤第三"，钟体近舞部刻铭文"东"；2 号甬钟钟体近舞部刻铭文"东道第三宫重百五斤"，侧鼓部刻铭文"宫"；3 号甬钟钟体近舞部刻铭文"东道第三商重八十六斤"。

第二类为蟠虺纹甬钟，编号为 4 ～ 7 号，共 4 件，螺旋式乳丁枚，其篆间、篆带、钲和舞部饰蟠虺纹。4、5 号甬钟甬部中段为三角纹，内填花卉纹，有铭文，4 号甬钟钟体近舞处刻铭文"西道角重八十五斤第二"；5 号甬钟侧鼓部刻铭文"西道第一角重七十斤"。另 2 件，甬部中段为蟠虺纹，无铭文，出土于编纽钟架倒伏范围内。

第三类为鎏金龙纹甬钟，编号为 8 ～ 10 号，共 3 件，枚呈乳丁状，

几何纹青铜甬钟

蟠虺纹青铜甬钟

鎏金龙纹青铜甬钟

其上刻细线纹，舞下、铣下、铣间弧线以及钟体两侧饰以鎏金弦纹。舞部、铣部、篆带饰鎏金变形龙纹，鼓部饰鎏金对称龙首纹；正面鎏金纹饰清晰，背面局部脱落。出土于编纽钟架倒伏范围内。

1～5号铭文钟，文字或镌刻较深，字体规整；或刻划较浅，手法粗糙，字迹潦草，系不同时期不同工匠所刻。铭文包括四部分内容：第一部分是东道和西道，指该钟在一肆钟的悬挂位置；第二部分是五音（宫、商、角、徵、羽），所见5件甬钟铭文中五音缺徵；第三部分是第一、第二、第三之类序号；第四部分是甬钟的重量。上述5件带铭文甬钟，大小相次，出土于甬钟架垮塌范围内。8～10号甬钟装饰纹样、风格与前述纽钟相同，可能是同一时期由同一作坊设计、铸造。另外，金车上出土1件与此风格相同的甬钟。

此外，刘贺墓还出土了14件形制大小统一的琉璃编

鎏金龙纹青铜神兽虡（编磬架）

磬和磬架一套，磬体内空，靠填充物来调节音高，与一般大小相次的石制编磬相比，极具个性。虽然琉璃的制作难度很大，但是从物理结构上讲，琉璃远没有石头性能稳定，从音乐性能上分析，琉璃编磬并不比石磬优良，而且容易腐蚀走音，但是刘贺将其用于乐悬，想必更多的是其个人嗜好及对身份地位的彰显。江都王墓也出土了与此相近的琉璃编磬。

王者风范的乐悬礼制

钟体硕大，可以单独悬挂的，称为"特钟"。依大小相次成组悬挂演奏的，称为编钟。编钟是我国古代王侯权贵专用的大型打击乐器，是等级和权力的象征。我国是制造和使用乐钟最早的国家，编钟由若干件大小不同的钟有次序地悬挂在漆木架上编成一组或几组，每件钟敲击的音高各不相同，从而组成完整音列，钟的音量大小在于共鸣箱的大小，其音频变化主要在于鼓部的厚薄，小钟音高细，大钟音低沉。青铜编钟为礼制器用的重要组成部分，从春秋中期开始，成套编钟发展迅速，其排列组合方式有一个发展过程。东周时期青铜器组合由西周的重鼎食器逐渐演变为"钟鸣鼎食"，钟必成编，鼎必成列，是鲜明的时代新风。

考古发现表明，编钟出现在商代，兴起于西周，盛行于春秋战国。到汉代，青铜器日益生活化，失去礼器功能，编钟开始走向衰落。编钟组合在西周早期件数较少，以大小3件为一套；西周中期以后，件数逐渐增加，有大小8件为一套者；东周时期，编钟组合件数更多，有9件一套者，有13件一套者，曾侯乙墓编钟更是多达64件。

刘贺墓出土的编钟，是继1983年广州象岗山南越王墓、2000年山东济南章丘洛庄吕王墓、2009年江苏盱眙大云山江都王墓之后又一套规制完整的西汉实用乐钟，对研究编钟及其音律和铸造工艺乃至西汉礼乐制度等，有着重大的历史意义。

洛庄汉墓墓主为第一代吕王吕台，年代为公元前186年。该墓出土

大云山江都王墓出土青铜编钟复原图

乐器多达 149 件，出土的全套编钟悬挂于双层钟架上，上层一肆 14 件纽钟，下层一肆 5 件甬钟。通过测音可以断定这是一套调试良好的双音钟，每件钟的正侧鼓音音程关系准确，均可发出相隔三度关系的两个音，双音独立性佳，七声音阶准确齐全，音色清亮，余音袅袅。可以说，洛庄汉墓编钟是我们目前所知汉代最早的一套音高准确、音列完备、音色优良的实用编钟。

大云山汉墓的墓主为江都王刘非或刘建，年代为公元前 130 年，墓中发现了黄肠题凑、金缕玉衣，是汉代最高级别的诸侯王葬制。编钟出土于墓室西侧，钟架虽已坍塌，但编钟排列顺序清晰。全套编钟分上下两层，上层14件纽钟，自北向南从大到小依次排列，下层5件甬钟，大小依次排列，排列方向与纽钟相反。墓中还出土了相同组合的3套青铜编钟明器。

南越王墓主为第二代南越王赵眜，年代为公元前126年。14件纽钟出土时依次排列于东耳室北墙，悬挂纽钟的钟架尚存；5件甬钟位于纽钟东侧，同样从小到大依次排列，但并未悬挂，外有丝绢包裹痕迹。纽钟与甬钟内部均有调音挫磨痕迹，其中一件纽钟的三棱状内唇挫磨殆尽。经过测音，尚可发声的13件纽钟音程关系复杂，同时加上5件甬钟，这套编钟的正侧鼓音并不像吕王墓编钟那样均呈和谐的三度音程关系，出现二度与四度在内的五种音程组合形式。但其中保持三度音程关系的钟有12件（包括纽钟8件、甬钟4件），占总数的三分之二，可见这套编钟中使用比例最大的还是三度音程，其余为四度与不协调的二度音

海昏侯墓编甬钟出土场景

程。就二度音程来说，这种不和谐的音程关系应视其为地方特色。该墓还出土了"文帝九年"句鑃，一套8件，这是吴越地区流行的打击乐器。南越国虽然受封于大汉王朝，在南越国内大力推行中原礼乐制度，但远离中原，在语言、音乐方面有自己的地方文化特色。

我们从吕王墓、江都王墓、南越王墓和刘贺墓这四座西汉诸侯王墓编钟配置方面可以发现，这四座横跨山东、江苏、广东、江西四省的西汉王墓出土了同等规格的编钟，这不能视其为一种巧合，而是西汉礼乐制度在乐悬上的体现。经测音，吕王墓、刘贺墓出土编纽钟，相同编号的钟音阶相同，也就是说我们可以推测，至少在诸侯王这个层面国家推行过统一规范的乐悬制度。另外，从音乐性能上我们可以清晰地看到编钟双音技术逐步衰落的过程。虽说洛庄汉墓编钟音色优美，音高准确，余音袅袅，但正是其悠长的余音透露了它衰败的迹象，因为作为旋律性乐器来说，余音过长会对旋律中的其他音造成干扰，也就是说洛庄汉墓

海昏侯墓编磬出土场景

只能演奏旋律较慢的乐曲。

乐悬制度是古代宫廷以钟磬乐悬为标志的礼乐等级规范，其等级非常森严，不可僭越。刘贺墓出土的 2 套钟虡和 1 套磬虡可以证明，这两堵编钟和另外一堵编磬均为完整编列，组成三堵，符合诸侯轩悬的乐悬礼仪，体现了汉代对先秦音乐制度的继承。广东省南越王赵眜墓、山东省洛庄吕王墓 14 号陪葬坑、江苏省盱眙大云山江都王墓出土乐悬组合为 14 件编纽钟和 5 件编甬钟悬挂在一件钟架上构成一堵，而刘贺墓乐悬规格为一堵编钟（内含 14 件组钟和 5 件甬钟）、一堵编甬钟和一堵编磬组成三堵，其最大的特点是多一堵编甬钟，这一乐悬礼制便是《周礼》记载的轩悬，也是轩悬礼制的首次考古发现。

《周礼·春官·小胥》云："正乐悬之位，王宫悬，诸侯轩悬，卿、大夫判悬，士特悬，辨其声。"郑玄注云：宫悬四面悬，轩悬去其一面，判悬又去其一面，特悬又去其一面。四面象宫室四面有墙，故谓之宫悬；轩悬三面其形曲……玄谓轩悬，去南面辟王也；判悬左右之合，又空北面；特悬于东方或于阶间而已。《周礼》明确记载了天子用乐为四堵，即东西南北四面都悬挂乐器，诸侯去掉南面，即为三堵，卿、大夫去掉南北面，只有东西二堵，士阶层只能在东面或阶间悬挂一堵。

为了配合乐队演奏，还有相应规模的乐舞表演。与钟磬乐悬相配还出土了 36 件漆木伎乐俑，象征"六佾"，即六行六列，共 36 人组成的乐舞队。"六佾"正是诸侯所能享用的乐舞礼仪，《左传·隐公五年》记载："天子用八，诸侯用六，大夫用四，士用二。"

经过观察可以发现，10 件甬钟纹饰样式不尽相同，第 1～5 号为 5 件大型钟，刻有铭文，显示有 2 件为东道第三，其一为"羽"，其一为"宫"，西道 2 件钟，均为"角"，这 5 件钟分布于钟架垮塌范围内，可能属于一堵，因没有发表测音数据，无法判断他们是否为一肆完整的编钟，有待该墓考古资料的进一步公布。在编纽钟架上有 5 枚用于悬挂甬钟的挂钩和 14 枚用于悬挂纽钟的青铜钉，编纽钟架倒伏范围内发现 5 件小型

漆木伎乐俑

鎏金青铜挂钩

鎏金青铜钉

纽钟、甬钟出土场景

海昏侯编钟复原图

甬钟，其中有 3 件鎏金龙纹甬钟，装饰纹样、风格与纽钟相同。因此，海昏侯编钟有可能与前述汉代三王墓一样，由 14 件编纽钟和 5 件编甬钟组成一堵诸侯王编钟，其余 5 件带铭文的大号甬钟构成另一堵，这是刘贺墓编钟在编列上与前述汉代三王墓的最大不同之处。

酷爱音乐的刘贺

汉武帝令大儒董仲舒厘定雅制，恢复周礼，音乐方面任命音乐世家出身的李延年为协律都尉，令其和音协律，仿孔子采诗三百，立乐府采诗夜诵，广采赵、代、秦、楚各地音乐，从中寻找 500 年前的所谓雅制，创作属于汉武盛世的"新声"。刘贺作为汉武帝之嫡孙，继承了祖父视儒家礼乐为正统之风，尽力恢复周代礼制。刘贺身为皇室贵胄，从小受到了很好的礼乐教育，酷爱音乐。《汉书·霍光传》中说他在主持汉昭帝丧事期间，命人把乐府内的乐器发给他从昌邑王国带来的乐人，

漆琴

击鼓歌吹，又派人召来太一神庙的乐人，为他表演乐舞，全然不理会"居丧不言乐"的礼仪。

刘贺墓出土音乐文物除前述打击乐器编钟、编磬外，还有管弦乐器琴、瑟、排箫以及出行导从乐器錞于、钲、镯、建鼓等，引发了音乐界和考古界的关注，堪称21世纪中国音乐考古的重大发现。

刘贺墓出土漆瑟3件，其中一件瑟禁有朱书题记："第一卅五弦瑟禁长二尺八寸高七寸昌邑七年六月甲子礼乐长臣乃始令史臣福瑟工臣成臣定造"。一件普通乐器瑟的制作就涉及礼乐长和令史两级乐官，折射出西汉时期统治者对礼乐的重视程度。

主椁室甬道内出土2辆三马双辕彩绘漆木偶乐车，一辆为金车，配有青铜錞于、青铜钲、青铜镯和青铜甬钟各1件；另一辆为鼓车，配有建鼓。类似的青铜镯曾在兵马俑坑指挥车上出土过，与鼓同出，钟、鼓放置在同一辆车的做法，与海昏侯墓不同。乐车两侧还配有5辆真车，共同构成海昏侯车舆制度出行的导车和从车。其中乐车是汉代考古的首次发现，可以与汉代画像砖、画像石上的相关图案以及文献记载相印证。

漆瑟禁铭文

彩绘漆木偶乐车出土场景

金车出土场景

　　古代战场一般击鼓进军，鸣金收兵，金车和鼓车配合使用，刘贺将它们用于出行礼仪，作为出行车队的前导车。偶乐车和 5 辆真车的发掘，在某种程度上可以诠释汉代诸侯王的车舆制度及出行仪仗。2 辆偶乐车被放置在甬道中，从方位上统领甬道东西两侧的车马，这恰好体现了其前导车的性质。将这三类车马结合在一起看，出行时 2 辆偶乐车在前开道，刘贺乘坐的安车居中，4 辆轺车和随行人员在后扈从，海昏侯刘贺在地下世界出行的场景跃然眼前。

青铜錞于

青铜镯

　　刘贺墓出土音乐文物组合规范，编钟、编磬构成雅乐乐悬，琴、瑟、笙、箫和伎乐俑组成俗乐宴设，錞于、钲、镯、甬钟和建鼓车则是典型的出行导从组合。其形制、组合在一定程度上反映了西汉对先秦礼乐制度的继承。

圣人贤人　万世师表——孔子徒人图漆衣镜

孔子徒人图漆衣镜镜匣正面
镜匣通高96.0、宽68.0、厚6.0厘米
青铜镜高70.3、宽46.5、厚1.2厘米

　　孔子徒人图漆衣镜出土于主椁室西室中部偏西处。出土时，倒伏在地，断裂为数块，装有饼金的漆盒就压在衣镜的下面，经专业人员精细清理、拼合，现已复原。该衣镜之所以定名为孔子徒人图漆衣镜，是因为镜匣背面彩绘漆书孔子及其弟子画传，根据《汉书·艺文志》著录《孔子徒人图法》二卷的书名可知，孔子师徒画像当时名孔子徒人图。

最早的东王公图像

　　孔子徒人图漆衣镜由青铜镜、孔子徒人图漆镜匣、镜架三部分组成。铜镜背面为素面，有 5 个半环状纽，在内框内还保留有一个铜插销，可能是穿在镜纽内以便把铜镜嵌于背板上。镜架为木质髹漆。镜匣为长方形，由四周的厚方木（镜框）和背板围合而成。镜框围在铜镜四周、盖板（镜掩）在镜框内，有铜合页将盖板与镜框相连，可开合，合盖时镜框与盖板在一个平面上，镜匣两侧下半部各有 1 个铜环。

　　伴出的《衣镜赋》屏风对衣镜的功能及上面的图案内容进行了描述，比如描写衣镜立柱曰："猛兽鸷虫兮守户房，据两蜚蟊兮圆凶殃，傀伟奇物兮除不详。""蜚蟊"即"飞虡"，就是说立柱雕刻有飞禽走兽，

镜框上部的凤凰及东王公、西王母像

青铜镜

《衣镜赋》屏风局部

镜匣的两个铜环就套在"飞虡"之上。描写镜框曰："右白虎兮左仓龙，下有玄鹤兮上凤凰，西王母兮东王公，福熹所归兮淳恩臧，左右尚之兮日益昌。"对照衣镜实物，其左右镜框分别就有白色龙、虎图像；上框绘红色凤凰；凤凰左右两端分别是东王公和西王母；下框为"玄鹤"图像。

镜匣正面以黄漆为底色，四周边框用白色粗线条勾绘边线，分割出相对独立的空间，内绘神兽和仙人图案。上方边框中间的红色凤凰，口含一珠，啥下还有二珠下坠，两侧分别为东王公、西王母，面向观者席地而坐，头向内侧倾斜，略呈对视状，东王公、西王母像，均在黄地色上用白漆勾绘出人物形体，西王母像头部、下半身，东王公像全身均填绘褐色漆，东王公

镜掩上绘仙鹤图案

像戴冠，颌下有胡须；在二仙的身旁各绘有一个侍从，在黄地色上巧妙地用白漆勾绘出人物形象。东王公旁的人物面向东王公跪坐，面前摆放一盘状物，双手举于胸前，呈跪拜或献物状；西王母旁的人物面向西王母跪坐，左手把臼，右手持杵，作捣药状，或与捣药玉兔相关。这样便形成了东王公和西王母两位主仙带着各自的侍从，在衣镜镜框上部各据一方"左右尚之"的画面。左侧边框为白漆绘奔虎，回首张口，四足腾空，尾竖起，用灰漆描绘斑纹；虎旁配有羽人、白鹤、怪兽。右侧边框为白漆绘行龙，龙旁配有羽人、天马、怪兽。下方边框为白漆绘左右各踏一蛇的龟形动物，与"玄武"形象相近，《衣镜赋》中称之为"玄鹤"。

镜匣正面复原图（复制品）

镜掩正面绘双向升腾的含珠仙鹤立于祥云之上，鹤为金色、深黄色。

孔子徒人图漆衣镜及《衣镜赋》是目前为止发现最早的东王公图像和文字资料。证明以东王公作为男性的"阳神"与女性的"阴神"西王母相对应的图像组合模式在西汉宣帝时期已经成型，将东王公神格和图像的出现时间，由东汉提前到了公元前 1 世纪，证明"东王公会西王母"等神仙传说在西汉便已存在，为研究汉代神仙图像提供了珍贵的新线索。

最早的孔子师徒图像

镜匣背面为孔子及其五位弟子的图像和传记，以红漆绘底色，以黄色粗线在四周绘方框，在方框内用两条黄色粗线将镜匣分割成大小基本相等的三部分。每部分的布局基本一致，中间彩绘相向而立的两个人像，人像头部后上方标有人物姓名作为榜题；上栏为孔子和颜回（子渊），中栏为子贡（子路）和子赣，下栏为子羽和子夏。在两侧用黑漆书写有关该人物生平和言行的短传记。文字均为汉隶，作分栏式纵向排列，起始用黑圆点为篇首，左侧三人传记每列文字间用黑线分割，右侧三人传记每列文字间则没有黑线分割，除孔子篇外，其他五个人的篇尾都用单独一列写篇名。每篇评传字数不一，每列字数不等。

上栏为孔子和颜回。孔子像位于左侧，像高约 28.8 厘米，宽约 8.4 厘米。孔子身材消瘦，背微前倾，面向颜回拱手而立，头戴小冠，颌下长须；身穿黄色长袍，腰间束带、配剑，脚穿白色翘头履。颜回像位于右侧，像高约 27.0 厘米，宽 8.8 厘米。颜回面向孔子，双手合抱于身前，向孔子躬身行礼，头戴小冠，面目清秀，身穿黑色长袍。释文如下：

●孔子生鲁昌平乡聚邑，其先□□也，曰房叔。房叔生伯夏，伯夏生叔梁纥。叔梁纥与颜氏女野居而生孔子，畴于尼丘。鲁襄公廿二年孔子生，生而首上汙顶□名丘云，字中尼，姓孔子氏。孔子为儿僖戏，常

镜匣背面

镜匣背面复原图（复制品）

陈俎豆，设容礼，人皆□之。孔子年十七，诸侯□称其贤也。鲁昭公六年，孔子盖卅矣。孔子长九尺有六寸，人皆谓之长，异之。孔子行礼乐仁义□久天下闻其圣，自远方多来学焉。孔子弟子颜回、子赣之徒七十有七人，皆异能之士已，行说诸侯，毋所遇，困于陈□之间。鲁哀公六年，孔子六十三，当此之时，周室灭，王道坏，礼乐废，盛德衰，上毋天子，下毋方伯，臣諟君子□父四面起矣。强者为右，南夷与北夷交中国，不绝如缕耳。孔子退监于史记，观上世之成败，古今……始于隐公，终于哀公，列十二公事。是非二百卌年之中□君卅一，亡国五十二，刺几得失以为天下……曰：吾欲载之空言，不如见行事深切著明也。故作春秋，上明三王之道，下辨人事经纪……与。举贤才废不肖，赏有功，诛桀暴，长善苴恶以备王道。论必称师而不敢专己，追迹三代……序书传，上纪唐虞之际，下至秦缪，编次其事。约其文辞，诗书礼乐雅颂之言自此可得而述也，以成艺。孔子年七十三，鲁哀公十六年四月己丑卒。天下君王至于贤人众矣，当时则荣，殁则已焉。孔子布衣，传十余世，至于今不绝，学者宗之。自王侯，中国言六艺者折中于孔子，可谓至圣矣！

●孔子弟子曰颜□□人，字子渊，少孔子卅岁。颜回问仁。子曰克己复礼为仁，一日克□复礼，天下归仁焉。为仁由己，而由人乎哉！颜渊……其目。子曰：非礼勿视，非礼勿听，非礼勿言，非礼……颜渊曰：回虽不敏也，请事此语也。颜回渭然……曰：仰之迷高，攒之迷坚，瞻之在前，忽焉在后……循循然善诱人，博我以文，约我以礼，欲罢不能……之无由也已。孔子以颜回为淳仁重厚好学。颜回曰：用之则□，舍之则藏，唯我与尔有是夫！孔子曰：自我得回也，门人日益亲。

●右颜渊

中栏为子赣和子路。子赣像位于左侧，像高约 26.5 厘米，宽约 8.5 厘米。身穿灰色长袍侧身向右而立，头戴小冠，短须短髯，右手持笔横

孔子和颜回像

于胸前。子路像在右，像高约 26.2 厘米，宽约 16.1 厘米。正面朝外，身穿褐色襦，腰间扎白带，带两端下摆飘动，两腿跨立，脚穿圆头黄色鞋，两臂外张，手心向后，两袖飘动，整个人显得孔武有力。评传释文如下：

●孔子弟子曰端木赐，卫人也，字子赣，少孔子卅一岁。子赣为人，接结善对，见事接……问曰：有一言可以终身行之者乎？孔子曰：其恕乎？己所不欲，勿施于人。陈子禽问子赣曰：子为恭也，中尼岂贤与子乎？子赣曰：君子一言以为知，一言以为不知，不可不慎也。夫子之不可及，尤天之不可陛升也。夫子得国家者，可谓立之斯立，道之斯行，绥之斯来，动之斯和。其生也荣，其死也哀，如之何？其可及也。

●右子赣

●孔子弟子曰中由，卞人，字子路。少孔子九岁，子路姓鄙，好勇力，伉直冠雄鸡，配佩貑豚，陵暴孔子，孔子以为质美可教，设诎礼。稍诱子路。子路后儒服委质，因门人请为孔子弟子。既已受业，问曰：君子上勇乎？孔子曰：君子义之为上，君子好勇无义则乱，小人□则为盗。孔子曰：自我得由也，恶言不闻吾耳。

●右子路

子赣和子路像

下栏为堂骀子羽和子夏。子羽像位于左侧，身穿灰袍，背向外，头右侧，看向子夏手中的竹简。子夏像位于右侧，像高约26.3厘米，宽约11.4厘米。身穿褐色长袍，身体微微倾向左侧，头戴小冠，双手持展开的竹简，低头看向竹简。评传释文如下：

●孔子弟子曰堂骀灭明，武城人，字子……甚恶。欲事孔子，孔子以为材薄，曰然，乌得……已受业，退而修行，行不由径，非公事不……游至江，从囗子三百人。设去就取予囗囗囗……侯，孔子囗之。曰：甚乎哉！丘之言取人也。宰予……以为可教。既已受业，修于学……穑不可滌也。宰予问五……临菑大夫与田常作乱死……失之子羽，以言取人，失之宰予。

●右堂骀子羽。

●孔子弟子曰卜商，字子夏，少孔子廿四岁。子夏问：巧笑倩兮，美目盼兮，素以为绚兮，何谓也？孔子曰：绘事后素。曰礼厚乎？孔子曰：起予商也，始可与言诗已。子夏曰：贤贤易色，事父母能竭其力，事君能致其身，其朋友言而有信，虽曰未学，吾必谓之学矣。子夏曰：博学而熟记，切问而近思，仁在其中矣。孔子殁而子夏居西河，致为文侯师。

●右子夏。

由于镜匣背面空间有限，只能安排孔子及其五名弟子的画像和评传。在《衣镜赋》屏风背面安排了孔子后期两名贤能弟子曾子和子张，这样《衣镜赋》屏风和镜匣的背面就绘画了孔子及其七名著名弟子。曾子评传有待拼合，子张评传释文如下：

……子曰颛孙囗，陈人，字子张，少孔子卌八岁。子张问干禄。孔子曰：多闻阙……其余则寡尤；多见阙殆，慎行其余则寡悔。言寡尤，行寡悔，禄在其中矣。子……子张，子张曰：子夏曰何？对曰：子夏曰：

堂驺子羽和子夏像

可者与之，不可者距之。子张曰：异乎吾之所闻。君子尊贤而……不能。
我之大贤与，于人何所不容；我之不贤与，人将距我，若之何？其距人
也……

图史自鉴

镜匣背面、衣镜赋屏风背面孔子及弟子的生平事迹与《史记》《论
语》中的记载基本一致，只有部分内容略有出入，《史记》与镜匣所参
考内容可能出自共同古籍母本。孔子，儒雅、内敛、谦恭，以布衣形象
示人，是历来为人所知的圣人形象，画像神态庄重、安详，面容神采
奕奕，整个人物画像给人一种庄严神圣的感觉。孔子弟子形象极具个

《衣镜赋》屏风局部

性，他们各有成就但都崇拜孔子。孔子及其弟子形象刻画生动，不像《孔子礼老子图》固定而刻板。人物的呈现以肖像画的形式表现，线条简练，人物写实，比较同时期的绘画，如各种墓葬壁画或马王堆汉墓帛画，风格不同，而且技艺也十分高超，显然不是一般的匠人所绘。

在屏风上书写文字格言，作为箴戒教育的工具，两者合流，就有了将古人的形象和事迹写于屏风之上，以便时时提醒受教育者的情形，人物像、传一体的屏风制作于是出现。羊胜所谓"画以古烈，颙颙昂昂"是也。西汉以来流行列女传屏风，刘向《七略别录》记载刘向、刘歆父子将"所校《列女传》种类相从为七篇，以著祸福荣辱之效，是非得失之分，画之于屏风四堵"。这是文献中关于人物像传和列女像传屏风的最早记载。

刘贺墓主椁室分东西两室，东室放棺椁，其功能相当于"寝"（即卧室）；西室摆床榻，功能相当于"堂"（即厅堂）。从西室床榻附近放置衣镜、漆案、漆盘、漆耳杯及博山炉、连枝灯等情况分析，会客时主人坐于床榻之上，客人席地而坐，漆盘、耳杯放在漆案上。衣镜置于侧旁，主人可以坐在床榻上照镜子、正衣冠；同时立起来的衣镜还能起到屏风的作用；人们还可以到衣镜架背面观赏孔子及其弟子画传，临观其意，图史自鉴。

汉代漆器除了以红色与黑色为主外，还发展到了多彩，用红、黑、黄、白、褐、绿、金、银等绘纹，使之更加华丽。彩绘方法大多兼用油彩绘和漆彩绘，油彩绘即用朱砂等颜料调和桐油绘于已髹漆的器物上，有两种富有时代特色的创新工艺：一是用漆枪挤出白色凸起线条勾边，再以其他颜色勾勒纹饰；二是富有立体感的堆漆。漆彩绘是用颜料调和漆，再绘于器物上。孔子画像和其他人物画像都是在红色的漆地上，以白色漆勾画轮廓，线条流畅有力，再用黄、灰、褐等漆料填绘。孔子徒人图漆衣镜作为西汉漆器的典型代表，主要是运用形、色、质等造型手法呈现画面中的艺术形象，可分为画像和文字两大类别。通过孔子徒人

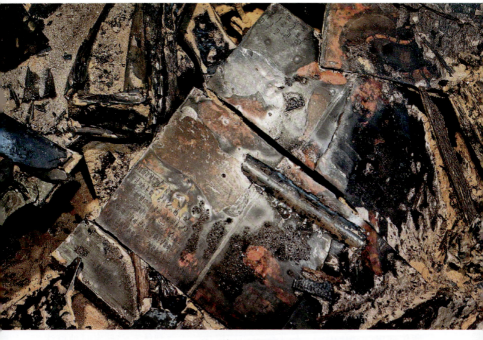

镜匣出土场景

漆案与杯、盘组合

东汉画像石《孔子礼老子图》

图漆衣镜所展现出来的不仅仅是漆器造型的形式美和工艺美,更多的是所传递出的文化内涵,作为儒家道德思想的重要载体,它是当时独尊儒术社会思潮的体现。

孔子徒人图漆衣镜所绘孔子像是迄今为止发现最早的孔子像,也是唯一的一份早期孔子肖像。在刘贺墓衣镜出土前,考古发现的早期孔子形象见于壁画墓和画像石,题材主要是"孔子礼老子",时代皆为西汉晚期及之后。孔子像对绘画史和工艺史研究,具有极其重要的文物价值和文献价值,对孔子和儒学研究,对西汉中期的历史、政治、思想等各个方面研究都提供了重要的素材。

邹鲁儒风

典册重光——《齐论》简

正　　　背

《齐论》简《智道》

【释文】智道

孔子智道之易也易易云者三日子曰此道之美也莫之御也

刘贺墓西藏椁 5 个漆笥中发现 5200 多枚竹简，经过专家初步释读，主要包括《论语》《易经》《礼记》《医书》《五色食胜》《悼亡赋》等多部典籍，另有 500 余枚竹简与昌邑王国、海昏侯国的行政事务和礼仪等有关，按照出土文献定名通则，可以称之为海昏简。

《论语》的三个版本

海昏侯墓出土《论语》简 500 余枚，三道编绳，简背有斜向划痕。每简容 24 字，每章另起，未见分章符号。通篇抄写严整，未见句读钩识。书风总体庄重典丽，但存在变化，似非出自同一书手。各篇首简凡保存较为完整者，背面皆有篇题，目前可见《雍也》《子路》《尧》（即今本《尧曰》）和《智道》，均是在背面靠近上端的位置刮去一段竹青后题写，由此推测，海昏简《论语》原来是每篇独立成卷。因保存状况不佳，目前可释读的文字约为今本《论语》的三分之一，现存文字较多者

海昏简出土情况

有《雍也》《公冶长》《先进》《子路》《宪问》等。

海昏简《论语》与今本之间存在一些差异，用字习惯亦不尽同，如今本的"知"字在此本中皆作"智"，"政"皆作"正"，"能"皆作"耐"，"室"皆作"窒"，"旧"皆作"臼"；今本中表示反问的"焉"，此本皆作"安"，读为"欤"的"与"皆作"耶"。此外，今本的"如"此本多作"若"，"佞"多作"年"。表明此本的用字经过有意识整理，似与今本《论语》及其源头《鲁论》属于不同的系统。

最引人注目的是，书中保存有《智道》篇题和一些不见于今本的简文，说明此本应是《汉书·艺文志》著录的《齐论》。这一重大发现，对于我们全面、正确地认识儒家思想及其演进，深入研究西汉时期的思想发展史，具有重要意义。

西汉以前，孔子及其创立的儒家学说，不过是诸子百家中的一家，在春秋之后三百多年间虽然产生很大影响，但并没有占据思想文化的统治地位。汉武帝时期，采纳董仲舒"罢黜百家，独尊儒术"的建议，确立了儒家思想的正统地位。汉武帝大力推行"独尊儒术"国策，除了祭孔、拜谒孔庙，任命一批儒家学者为丞相、太尉等高官以外，还在建元五年（公元前 136 年），罢黜原有的诸子传记博士和信奉黄老之学的官员，规定儒家的《诗》《书》《礼》《易》《春秋》为五经，在朝中设五经博士，专门研究这些经典著作，并教授弟子，以备资政。因此，儒家经学以外的百家之学失去了官学中的合法地位，五经博士成为独占官学的权威，天下学子都要把这些儒家经典作为教科书来学习，从而结束了先秦以来"师异道、人异论、百家殊方"的混乱局面。五经博士的设置使通晓儒家经典成为做官食禄的敲门砖，这就使儒学的传习与政权，经学与利禄之途密切相连。

《论语》为孔子弟子和再传弟子集体编纂而成，反映了孔门弟子对孔子思想的理解，体现了早期儒家的价值观，在儒家各派中占有权威地位。《论语》虽未列入五经，但却高过其他儒家及诸子，是汉代皇室及士人的必读书。汉武帝以后，尊崇五经，兼容诸子，设置五经七家博士，至宣帝时更是增置五经十二家博士。在皇室子弟的培养过程中，儒家典籍成为教授的核心内容。第一代昌邑王刘髆的老师夏侯始昌，是继董仲舒之后最为著名的大儒，兼通五经，更是《尚书》《齐诗》两经宗师。第二代昌邑王刘贺时期，昌邑王国的官员队伍中，多数是修身严谨的贤人君子，太傅王式，以《鲁诗》名家；中尉王吉是《齐论》的权威。

据《汉书·艺文志》，汉代《论语》分为《齐论》《鲁论》《古论》，各本在文字、篇章上存在差异，各《论》之间，尤其是齐、鲁《论》之间并非完全隔阂，而是相互参验，只不过以某家为主时，要加以清楚的标示而已。《古论》，即孔壁之书，凡二十一篇，有两《子张》篇，篇次与《齐论》《鲁论》不同。《齐论》为齐人之学，凡二十二篇，多《问王》《知道》两篇，其二十篇中，内容也比《鲁论》多。《鲁论》为鲁人之学，凡二十篇，即现行《论语》所据之本。《鲁论》为较原始版本，《齐论》是《论语》原本传入齐地以后出现的增订本。至西汉元、成时期，张禹以鲁《论》为本，统合《齐论》《鲁论》，建构了所谓的"张侯本"，并成为后世传本的源头。《张侯论》盛行至东汉，郑玄又结合《古论》，对文本做了统一整理，在此基础上，魏晋时期何晏撰作集解，不仅形成了今传本的规模，也使得此前各文本的差异在整合中逐渐消弭。

西汉时期传《齐论》者，有昌邑中尉王吉、少府宋畸、琅邪王卿、御史大夫贡禹、尚书令五鹿充宗、胶东庸生等人，诸多传人中，王吉的时代最早、影响最广、名声最大、事迹最清楚，也只有王吉与刘贺有着长久、稳定、密切的联系。王吉字子阳，琅琊皋虞人也。少好学明经，以郡吏举孝廉为郎，补若卢右丞，迁云阳令。举贤良为昌邑中尉。王吉兼通五经，能传邹氏《春秋》，以《诗经》《论语》传授弟子，喜欢梁丘贺说《易》。

传授《鲁论》者有常山都尉龚奋、长信少府夏侯胜、丞相韦贤、鲁扶卿、前将军萧望之、安昌侯张禹，皆名家，张氏最后而行于世。张禹最初师从夏侯建学习《鲁论》，后来转而师从王吉、庸生学习《齐论》，所以才能以《鲁论》为主且折中二本，择善而从，编成定本。由此可知，张禹所学《齐论》也是出自当时唯一以此学名家的王吉，刘贺受学于王吉的《齐论》，应与张禹从王吉那里学习的《齐论》接近。这也就意味着海昏简《齐论》，应与张禹编定《论语》时所依据的《齐论》接近，其文献学价值之大，不言而喻。

海昏简《齐论》是权威版本

汉代使用竹木简牍和缣帛作为书写材料，书籍的形态有简牍和帛书两种，因缣帛材料珍贵，竹木材料易取，书写方便，故以简牍最为常见。"简"是经过加工的细竹条，细木条称为"札"或"劄"，较宽的木板称为"牍"。竹制简牍材料，在古代史籍中记载较多；北方地区因缺少竹子，以木制简较为普遍。竹简在书写前须杀青，经过杀青、修整加工过的汉竹简一般长约23厘米（相当于汉尺一尺），宽0.5～1厘米，通常皇帝的诏书使用一尺一寸的简，称为"尺一诏"；用于记录法律的简最长，可达三尺，故称为"三尺法"或"三尺律令"。自汉代以后，简与牍的区分仅指形制上的差异而非质材上的不同。迄今为止，出土的汉简形制多样，主要有细长条形、方板形、楔形等。人们依据简牍形制及用途差异，将其分为简、札、牍、笺、楬、检、符、遣册等。

中国竹简发现的历史，可谓源远流长。根据文献记载，最早可以追溯至2000多年前西汉景帝末年，从孔子故宅壁中发现战国竹简，得古文《尚书》及《礼记》《论语》《孝经》凡数十篇。此后历史上多次发现竹简，比如西晋武帝太康二年（281年）发现后人称之为《汲冢书》的简牍。二十世纪以来，随着科学考古事业的发展，竹简新发现不断，汉简在其中占很大比重，出土地点涉及全国多个省份，其中比较著名的有敦煌汉简、居延汉简、武威汉简、马王堆汉简、银雀山汉简、张家山汉简、尹湾汉简、额济纳汉简等。

　　与出土文献较多的西汉时期重要墓葬相比较，刘贺墓既不同于西汉初年的马王堆汉墓多出黄老和《易经》类著作，湖南沅陵虎溪山、湖北江陵张家山汉墓多出行政、司法文书，也不同于西汉中期的山东临沂银雀山汉墓多出兵书；和它最为相近的，是同时期的中山怀王刘修墓，出土了《论语》《儒家者言》《礼记》等大量儒家典籍（学术界称之为定州简）。这种变化既与西汉中期以来王朝独尊儒术有关，也与朝廷加强了对诸侯王的限制有关。

　　刘修墓出土的《论语》简已受到了学界的关注，而同为宣帝时代，且在时间点上稍早一些的刘贺墓再次出土同类文献，可以由此获得细化研究的资料。定州简以《鲁论》为底本，是比《张侯论》更早的融合本。它与汉末的熹平石经本同源，海昏简则偏于《齐论》，此前从无完整文本出土，在比勘与研究中，其意义显得更为重要。

　　《齐论》简另一次重要发现是肩水金关《论语》简。在肩水金关有来自齐地的官吏与戍卒，不远万里将其带到西北地区，进行学习与传诵，金关汉简中有一类为戍边吏卒习字简，《齐论》简应是由他们自齐地带来或就地默写

【释文】孔子知道之易也易易云者三日子曰此道之美也

金关《齐论》简

而成的。

海昏简《论语》是权威版本的《齐论》，是经过科学考古发掘所得出土文献，内容真实可靠，对于我们审视其他似为《齐论》的出土文献有着重要的参考价值。《齐论》的重要传人昌邑中尉王吉，长期担任昌邑中尉，有充足的时间与足够的地位将《齐论》传授给刘贺。因此笔者认为，海昏简《论语》当传承自昌邑中尉王吉，是《齐论》的一个代表性传本。

刘贺墓是迄今所见殉葬《论语》抄本最早的墓葬，海昏简《论语》代表了《论语》的早期面貌，具有重要的版本学价值。此前业已公布的距今最早的《论语》抄本出土于中山怀王刘修墓。刘贺死于汉宣帝神爵三年（公元前 59 年），刘修死于汉宣帝五凤三年（公元前 55 年），刘贺的卒年较中山怀王刘修早四年。刘贺墓出土《论语》简为其殉葬书籍，抄写年代必不晚于是年。海昏简《论语》传承自昌邑中尉王吉，其抄写的年代最有可能为王吉担任昌邑中尉时期。史书虽未明载王吉履任昌邑中尉的年份，但不会早于刘贺嗣位昌邑王的年份。刘贺于汉昭帝后元二年（公元前 87 年）嗣昌邑王位，故海昏简《论语》的抄写年代最有可能为是年之后。

海昏简《论语》体现了汉代儒学的整体发展，其中《智道》篇首章的前半部分隐含于《礼记·乡饮酒义》，后半部分隐含于《孔子家语·颜回》，对重新审视汉代儒学作品与先秦儒家典籍的关系具有很大意义。其出土于江西南昌，传承于汉武帝"罢黜百家"之后，体现了汉代"独尊儒术"后儒学的传播与发展情况。

《齐论》失传于汉末魏晋，距今约 1800 年。海昏简《论语》使我们得以一观《齐论》原貌，在经学研究方面具有重大价值。关于《齐论》的经文与经义是历代经学家争论千年的问题。但是，这些争论只能建立在推论甚至臆测的基础上，没有实物证据。只有考古，能以出土文物来证史，海昏简的发现表明，《齐论》尚在人间。

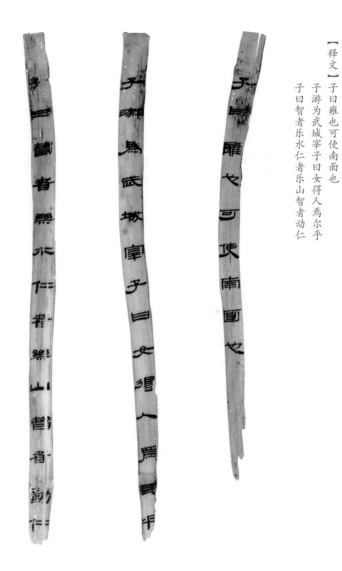

【释文】子曰雍也可使南面也
子游为武城宰子曰女得人焉尔乎
子曰智者乐水仁者乐山智者动仁

海昏《齐论》简《雍也》

儒风南传

　　除《齐论》外，海昏简中还有《诗经》《礼记》《孝经》等儒家经传。这表明汉代分封的诸侯王国，不仅是一个行政管理区划，还具有一定的文化传播功能。儒家思想是中国传统文化的核心思想，《论语》是儒家最重要的经典，可以说，《论语》的传抄过程，就代表了中原汉文化的传播过程。《齐论》简在河北、甘肃、江西这么大的地域范围出土，从一个侧面反映了汉代儒家代表作《论语》传播的状况以及各地文化交流的状况。从这一点来看，至迟在公元元年以前，汉政府对南方进行的有效治理不仅包括行政管理，还包含思想文化的传播。《齐论》简出土于江西地区，代表了汉代儒家思想在长江以南地区的传播情况。

　　海昏简是出土文献的一次重大发现，其中《诗经》《论语》有较明确的师承来源，对于研究儒家学说及其经典的传布、演变有极高的学术价值，历代学者争论不休的一些疑难问题由此可望解决或得到新的启示，从而促进有关学术研究的深入，同时也为汉代诸侯王教育、文学修养以及思想信仰等方面的研究提供了一个新视角。目前海昏简还在保护整理阶段，相信假以时日，这批竹简作为出土文献的重要组成部分，必将与传世文献资料相互印证、补充，为我们提供更加真实、可靠的历史史料。

【释文】诗三百五扁凡千七十六章

《诗经》简

【释文】六年春王正月夏公会齐侯宋公

【释文】子正而天下定书曰一人有庆□

【释文】争臣五人虽无道不失其国故社稷不危大夫有争臣三人虽

《春秋》简

大戴《礼记》简

《孝经》简

【释文】其乐敬其所尊爱其所亲故事死如事生

小戴《礼记》简

【释文】离下山上明夷者明荑也象西方十三饺南方九壬寅下经六维季秋卦吉□时凶

《易经》简

上天祥瑞

汉武气度——裹蹄金与麟趾金

裹蹄金
大号：长径 5.7 ～ 5.9 厘米，重 237 ～ 283 克
小号：长径 2.5 ～ 3.3 厘米，重 30 ～ 81 克

麟趾金

刘贺墓出土裹蹄金、麟趾金、饼金、钣金，共 4 类 480 件，包括文献记载的所有汉代金币品种，是汉代考古出土金币数量最多、种类最全的一次，总重约 115 公斤，折合汉代 460 斤，超过了此前历次出土汉代金币的总和。

裹蹄金与麟趾金

裹蹄金共出土 50 枚，其中大号 17 枚，小号 33 枚；刘贺墓出土 48 枚，刘充国墓出土 2 枚。大、小裹蹄金造型、装饰相近，呈马蹄状，圆底、中空、斜壁，前壁高，后壁低，呈一斜面。空腔内不见金属液体流动的

镶嵌白玉片裹蹄金

大裹蹏金纹饰

小裹蹏金纹饰

纹路，呈麻砂面，系铸造过程中金液包裹陶质内芯所形成的铸造态；腔体外为打磨光洁的黄金镜面形态，底部和侧面有模仿马蹄纹理的凹刻线条，系后期手工凿刻、抛光加工所致；口沿外侧采用掐、攒、填、焊等多种细金属工艺铸接或嵌接黄金掐丝纹带一圈；口沿内侧有4个近似对角分布的突出楔形小隼头，用于承托镶嵌琉璃片或玉片、蛋白石片之类美石，以琉璃片居多。

带铭文裹蹏金

　　大裹蹏金 17 枚，口沿外侧由 4 组纹饰组成纹饰带一圈，第一组、第三组为滚珠丝纹，第二组为滚珠丝制成的套珠纹，系主体纹饰，第四组为码丝纹。制作工艺考究，灵活运用了掐、攒、填、焊花丝技法等细金工艺中的花丝工艺，花丝种类有赶珠丝、金珠、码丝等。外底有铸字和贴字两种，底部铸字者有"上""下"，贴字者只有"中"字。小裹蹏金 33 枚，口沿外侧装饰风格与大裹蹏金不同，由滚珠丝、正花丝、反花丝、巩丝等 5 组纹饰组成纹饰带一圈。外底部分有铸字和无字两类，有字者 32 枚，无字者仅 1 枚。与大裹蹏金一样有铸字和贴字 2 种，铸字者有"上""中""下" 3 种；贴字者只有"中""下" 2 种。

镶嵌琉璃片麟趾金

麟趾金纹饰

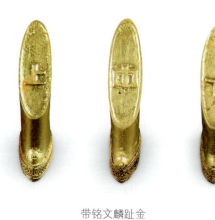

带铭文麟趾金

裹蹏金、麟趾金与饼金出土场景

麟趾金共 25 枚。中空，长斜壁，前壁倾斜度较大，后壁较短，椭圆形底，形似一只狭长窄尖的靴子，后侧有一金丝攒成的花蕾状凸起，通体修长，壁面光洁，口沿外侧饰黄金掐丝纹带，纹样风格与裹蹄金略有不同，口沿内侧隼头的设置，与裹蹄金相近。口沿外侧由 7 组纹饰组成纹饰带一圈，主体纹饰为一周巩丝，上下界以由正花丝、素丝、反花丝构成的纹饰带。外底部分为铸字和无字两类，铸字者 24 枚，无字者 1 枚。铸字有"上""中""下"3 种。

经科学检测，这些金器的纯度约 99.7%。裹蹄金、麟趾金，集中出土于墓室 2 个区域，一处为主椁室西室最北部放置榻的地方及榻下，一个漆盒内就出土了大型裹蹄金 5 枚，小型裹蹄金 10 枚，麟趾金 10 枚，码放有序；另一处在主棺头厢部位，装在一个漆盒内，包括大裹蹄金 12 枚，小裹蹄金 21 枚，麟趾金 13 枚。它们与饼金、钣金绝不混放，表明在当时人们心目中裹蹄金、麟趾金属于一类，与饼金、钣金不同，是一类特殊金币。

饼金

饼金共出土 385 枚，均为汉斤 1 斤左右的大饼金，没有发现小饼金。呈圆饼形，边轮卷唇，圆润，轮廓清晰，底面微凹，有自然龟裂纹，大部分有检验黄金成色和重量时留下的戳印符号"V"，部分有刻划文字、符号；正面粗糙，遍布孔洞，部分饼金的孔洞内插有金块或金屑，有的插入量多达 10 余克，表明饼金经过人为校正，以保证每枚重量达到汉斤 1 斤。其中有 5 枚饼金上有墨书题记，字迹依稀可辨，拼合饼金上的文字为："南藩海昏侯臣贺元康三年酎金一斤"。说明汉代诸侯王、列侯上交的酎金是当时通行的饼金，上交时还要书写交纳人的名字，以备少府核验饼金重量、成色。

沈括在《梦溪笔谈》中认为"裹蹄作团饼"状，不过是主观猜测而已。团饼者属于考古出土的饼金，是汉代用于流通的黄金货币，刘贺墓出土

"元康三年"墨书饼金

饼金中有 5 枚墨书者，揭示出墓主人的身份为海昏侯刘贺，同时，也体现了刘贺臣服的姿态。元康为汉宣帝刘询的第三个年号，元康三年（公元前 63 年），刘贺被封为海昏侯，食邑四千户。"酎金"揭示出饼金与当时的酎金制度有关。"一斤"指的是重量，西汉 1 斤为 16 两，约相当于 250 克。按照汉代酎金制度，诸侯献酎金，每千口四两，五百口以上千口以下也是四两，不足五百口不作为贡纳基数，刘贺元康三年准备了 5 枚一斤重的酎金，表明他的侯国 4000 户，总口数在 20500 以内，户均 5 口。刘贺墓出土饼金是汉代高级贵族财富象征及酎金制度的实物见证，它见证了刘贺为恢复"祭宗庙"身份而做出的努力。

钣金

钣金共出土 20 枚。呈薄片状，每枚钣金的大小、重量不一，有的

钣金出土场景

还留有剪切痕迹，表明此类金器是财富的象征，既可以作为金币或金器制作的原料，又可作为称量货币，可随时因支付或兑换铜钱需要而剪切相应重量。

破解褭蹄金与麟趾金之谜

　　褭蹄金、麟趾金始造于汉武帝太始二年（公元前 95 年），是汉武帝为神化"天马""白麟"和"黄金"三件祥瑞事件而铸造的黄金纪念币，是对白麟和天马蹄趾形状的模仿。那么，当时发现的白麟和天马是什么样的动物呢？学术界对汉代考古出土的金币如何与文献记载的饼金、麟趾和褭蹄金对应而给出相应定名，一直存在分歧。刘贺墓中这类镶嵌黄金掐丝纹饰带、口部镶嵌玉片或琉璃片的褭蹄金和麟趾金成批出土，立即引起了学术界尤其是古钱币界的极大关注。刘贺墓褭蹄金和麟趾金与考古界、古钱币界所认定的褭蹏金、麟趾金完全不同，颠覆了当前学界的传统认知。

其实，这类褭蹏金和麟趾金并非首次问世。早在1973年，河北省定县中山怀王刘修墓曾出土金饼40块、掐丝贴花镶琉璃面大小褭蹏金（原考古简报称之为马蹄金）各2枚、掐丝贴花镶琉璃面麟趾金1枚。该墓出土3类金币，与刘贺墓相比，仅缺少钣金，所出褭蹏金、麟趾金造型、纹饰、重量与刘贺墓出土的同类金器相近，当年发掘者正确地把它们定名为金饼、马蹄金和麟趾金，本该是具有里程碑意义的考古大发现，只是当时没有引起学术界足够的重视而已，与揭开褭蹏金、麟趾金神秘面纱的机缘失之交臂，直到刘贺墓再次出土此类物品时才重新受到人们关注。

关于麟趾自古有不同的解释，褭蹏金、麟趾金铸造于汉武帝时期，应从汉代文献记载中寻找答案。关于褭蹏，《汉书·武帝纪》注引应劭曰："古有骏马名要褭，赤喙黑身，一日行万五千里。"可知要褭为汉代良马的专用名，"蹏"即"蹄"的异体字。所以褭蹏，即马蹄。在唐代，颜师古为《汉书·武帝纪》作注时将"褭蹏"改为"马蹄"，后世

刘修墓出土褭蹏金和麟趾金

以讹传讹，于是就有了马蹄金的称呼。"褭蹄"原本是指宝马的蹄，故定名为褭蹄金更接近汉武帝更名黄金的本意，也使得它们更珍贵。

《史记·孝武本纪》记载："其明年，郊雍，获一角兽，若麃然。有司曰：'陛下肃抵郊祀，上帝报享，锡一角兽，盖麟云。'于是以荐五畤，畤加一牛以燎。赐诸侯白金，以风符应合于天地。"这是司马迁记载本朝事件，应该可信，说明当时发现的"一角兽"形似麃，人们认定是麒麟并作为祭祀五畤的祭品。"麃"，《史记集解》韦昭曰：楚人谓麋为麃，即现代生物学上属于偶蹄目的鹿科动物，其蹄子的特点是第三和第四趾特别发达，长短相等；第一趾完全退化，第二和第五趾不发达或缺如，人们在视觉上看到偶蹄目动物每足仅两个凸显的脚趾瓣。

过去出土的所谓麟趾金，按其文字描述和图版所示的形状，皆为马蹄状，有时甚至把饼金称为麟趾金，且这些金币时代均早于汉武帝时期，有的甚至早到战国时期，与汉武帝改铸褭蹄金、麟趾金的相关记载不符合，也就是说，考古出土的所谓中空型"褭蹄金、麟趾金"，只要时代早于汉武帝时期，均不正确。如果按照汉代人所说麟足为五趾，就不可能是圆蹄，而是可以分瓣的五趾。刘贺墓褭蹄金呈马蹄形状，所出

汉武帝改铸黄金以前的中空型金币

麟趾金，近似趾瓣的形状，度其大小和比例应是兽趾，是对偶蹄目鹿科动物脚趾单个趾瓣外形的模仿，花蕾状凸起象征退化的一趾。

据《汉书·武帝纪》，太始二年三月，诏曰："有司议曰，往者朕郊见上帝，西登陇首，获白麟以馈宗庙，渥洼水出天马，泰山见黄金，宜改故名。今更铸黄金为麟趾褭蹄以协瑞焉。因以班赐诸侯王。"说明铸造褭蹄金、麟趾金的目的，是为了协调"嘉祉"，彰显"祥瑞"；褭蹄金、麟趾金的赏赐对象是诸侯王，也就是说，拥有褭蹄金、麟趾金的人十分有限，属于仅诸侯王才拥有的珍贵纪念品，不作流通之用，这也是麟趾金、褭蹄金罕见的原因所在。由此可见，此前也有带有纪念性质的黄金，只是名称不叫"麟趾、褭蹄"，汉武帝时期因获得天马、麒麟，把此类黄金名称改为"麟趾、褭蹄"，形状也进行了重新定型，麟趾金、

汉武帝改铸的麟趾金、褭蹄金

裹蹏金首次铸造时间是汉武帝太始二年（公元前 95 年）。

麟趾金、裹蹏金仅出土于刘贺墓园和刘修墓，刘贺死于汉宣帝神爵三年（公元前 59 年），中山怀王刘修死于汉宣帝五凤三年（公元前 55 年），距汉武帝太始二年（公元前 95 年）首次铸造麟趾金、裹蹏金仅过去 30 余年。因此，在时间上，麟趾金、裹蹏金，与史籍记载的汉武帝"裹蹏金"和"麟趾金"最为吻合。且二人均为诸侯王，与《汉书》关于汉武帝把麟趾金、裹蹏金赏赐给诸侯王的记载相印证。

天量黄金何处来

如此大量黄金的集中发现，自然成为吸引公众眼球的物品。该如何理解海昏侯刘贺墓中集中出土大量的黄金？是否真的可以据此认为西汉有天量黄金？

西汉是中国历史上一个富强的朝代，西汉多黄金，为历代称颂。西汉政府赏赐臣下，每每百斤、千斤、万斤，乃至数十万斤，比如，元狩四年（公元前 119 年）卫青、霍去病出征匈奴凯旋，汉武帝一次性赏赐将士黄金多达 50 万斤。据著名货币史学家彭信威先生在《中国货币史》一书中统计，西汉历代皇帝赏赐的黄金数量近百万斤，折合约 250 吨。据我国黄金协会数据显示，截至 2019 年年底，我国黄金储备是 1948 吨。这也就意味着，早在 2000 多年前的西汉，光是用于赏赐的黄金，已达到现代黄金储备的 13% 左右。

黄金从哪里来？毋庸置疑，西汉黄金数量之巨，得益于前朝的积累。春秋战国时期楚国境内盛产黄金，在楚国流行的"郢爰"，是目前我国发现并已著录的最早的金币，在湖北、安徽、陕西、河南、江苏、山东等地都有出土，每枚重约 250 ～ 260 克，含金量在 93% ～ 97% 之间。秦统一六国后，天下财富聚集在秦王朝的府库。秦灭亡后，财富很快流转到了西汉府库。

《汉书·贡禹传》记载：在西汉元帝时期，从事矿产冶炼的人数众多，威胁到农业生产，甚至到了要罢免开采矿产官员的地步，以复兴稼穑。当然，汉政府在派出金官开采金矿获得黄金的同时，也通过酎金、罚金、租税、卖爵等方式回收黄金，以保证国库中有充足的黄金用于国事活动。至王莽时，国库中贮藏黄金达60万斤以上。

西汉、东汉各220年左右，从文献记载来看黄金数量相差巨大，东汉时期黄金是不是真的少了？西汉随处可见的黄金，怎么就突然人间蒸发了？

刘贺墓出土黄金约115公斤，于是有人提出墓葬黄金是汉代黄金逐渐减少的原因所在。虽然汉代厚葬成风，但从考古发现来看，以黄金殉葬的情况却极为罕见。在刘贺墓发掘之前，西汉黄金出土总量约82公斤。出土黄金分两类情况：一是以西安谭家乡出土219枚饼金为代表的窖藏黄金，约54公斤。另一类是以满城中山王刘胜夫妇墓等为代表的墓葬黄金，约28公斤。墓葬黄金的发现，大体集中于未经盗掘的三地四座西汉诸侯王墓：1968年，河北满城县中山靖王刘胜夫妇墓发掘，刘胜墓出土小型饼金40枚，总重719.4克；刘胜之妻窦绾墓出土小型饼金29枚，总重438.15克。1973年，河北定县中山怀王刘修墓发掘，出土小饼金40枚，镶琉璃面大、小裹蹄金各2枚，镶琉璃面麟趾金1枚，总重3000余克。1996年，山东省长清县双乳山济北王刘宽墓发掘，出土饼金20枚，其中大者19枚，小者1枚，总重4262.5克。

在刘贺去世后，汉宣帝废除海昏侯国。因此，在刘贺去世且无人继承其侯爵的情况下，海昏侯府库中贮藏的两代昌邑王所积累的黄金及其他财产，不能被子女继承，也就只好随刘贺而去埋藏于墓中，造成了刘贺墓中埋藏大量黄金的罕见情况。其他2座出土黄金的墓情况与此相似，中山怀王刘修因无后，除国；济北王刘宽因获罪，除国，黄金和王国的财富一同被埋葬。因此，刘贺墓出土大量黄金，在汉代是特例。

刘贺墓内棺出土饼金场景
分20排，每排5枚，共
100枚，整齐地放在内棺
底板上，盖上一层包金丝
缕琉璃席，刘贺便安放在
上面，这与汉代诸侯王墓
出土的金缕玉衣有异曲同
工之妙

文献记载所反映的西汉与东汉在黄金数量上的差距，或者说东汉黄金消失之谜，在于西汉延续楚国的传统，以黄金为货币，自然也以黄金作为衡量财富的标准。与西汉有关的记述中，在形容富商巨贾财力雄厚时，往往使用"千金""万金"之类词语，皇帝亦动辄以大量黄金赏赐臣子，似乎西汉是一个非常"多金"的朝代。时至东汉，放弃了黄金货币，故文献记载就少了。黄金作为贵重的稀有金属，经长期积累，理论上是越来越多，从历史上沿袭下来的黄金，不会凭空蒸发。

丝路胡风

汉匠新工——山羊纹银当卢

山羊纹银当卢
长 12.5、宽 10.0、厚 0.3 厘米

山羊纹银当卢出土于刘贺墓车马坑。银质，形似盾牌，外缘对称雕刻凸起的云气纹，主体纹饰为独角山羊跳跃于祥云之间。山羊作奔跑回首状，羊头较长，双耳竖起，头顶有一弯刀状独角，双目有神，嘴微张，颌下有长须，右前腿抬起，左后腿弯曲，大尾上翘，身肢灵动飘逸，动感十足，弯曲而巨大的羊角、飘逸的山羊胡子、高高扬起的尾巴、伸长的脖子以及回头观望时警觉的眼神，栩栩如生，制作极其精湛，十分美观，堪称是一件精美绝伦的艺术佳作。银当卢的制作使用了我国传统细金工艺中的錾刻工艺，高浮雕纹样采用了台、采、脱錾技法，在当卢的背面用錾刀顶出所需纹样的高度后，再在正面用不同的采、落方式錾刻出立体浮雕的艺术效果，在银当卢的边缘，留有脱錾的加工痕迹。

钩膺镂钖

当卢是缀于勒或络头、饰于马额中央的金属饰具。"卢"即"颅"的省假字，因在马头颅正当中，故名"当卢"，又名"钖"。《诗经·大雅·韩奕》有"钩膺镂钖"之句，《毛诗正义》郑玄笺云"眉上曰钖，刻金饰之，今当卢也"，孔颖达疏说"《巾车》注亦云：'钖马面，当卢刻金为之。'所谓镂钖当卢者，当马之额卢，在眉眼之上。"可见当卢是系在马额头中央部位的金属饰品，一般在马的额头中央偏上部，通过额带固定在马鼻革与额革的交接处。当卢作为马饰的一部分，与人类对马的驯服、使用和时代审美息息相关，在世界各地，尤其在游牧骑马民族占主导地位的北亚、西亚和中亚一带都有发现。

当卢出现于商代，西周时期形成了当卢、马冠等一套极富装饰性

刘贺墓车马坑正射图

的车马器。西汉时期，当卢十分盛行，制作与使用非常普遍，中原地区的汉墓中多有发现，河北满城中山靖王刘胜墓内曾出土当卢38件，但在长江以南地区却十分罕见。刘贺墓西侧占地约80平方米的车马坑是我国长江以南地区迄今发现的唯一一座汉代真马实车陪葬坑，内有5辆木质彩绘车和20匹马的痕迹，出土车马器3000余件，制作工艺精湛，鎏金嵌银。其中当卢104件，样式有圆牌形、叶形和特角形之分，材制有青铜、银之别，装饰纹样多为珍禽瑞兽，其数量之多、纹样之美、做工之精、装饰之繁，属考古出土罕见。

　　当卢的材料和形制十分丰富。从制作材料看，目前已发现有青铜、金、银、锡等，其中青铜类，或青铜鎏金类最多，金、银类当卢的主人显然地位更加显赫。两周时期，当卢的形状可见特角形、长条形和圆牌形。特角形一般是顶端为岔开的两特角，中间为椭圆形泡，下为方形或梯形短柄，背面有鼻梁可供穿系皮带；长条形的上方多见兽首，下方为半管状；圆牌形当卢器身周边穿孔，表面透雕，纹饰繁复华丽。各种样式的当卢又有多种多样的纹饰，如瑞兽、云纹、几何纹等。秦汉时期，

错金银凤纹青铜衡末饰

错金银青铜车轴饰

错金银神兽纹青铜叶形当卢　　　　鎏金青铜特角形当卢

鎏金嵌宝石凤凰纹青铜叶形当卢

鎏金青铜车壸   鎏金青铜车軛角

车马葬制逐渐衰落，但作为装饰用的马具，其使用与否、所用材质和形式，依然可反映所属主人的地位以及当时的工艺水平和社会生活状态。

汉韵胡风

战国晚期以来，北方草原地带的匈奴系族群，逐渐形成了强大的社会组织与文化共同体，并与南侧的秦、燕、赵以及秦汉王朝发生频繁的文化交流，草原文化也对中原文化产生影响，在秦汉社会上层出现一股使用、拥有匈奴风格物品的"胡风"。比如山东洛庄吕王墓、徐州狮子山楚王墓、徐州宛朐侯刘执墓、河南芒砀山梁孝王王后墓等出土了此类风格的马具或扣饰。类似的标本从东周一直延续到西汉，分布地域在中国北方，包括河北北部、辽宁西部、内蒙古等地，以及蒙古国、俄罗斯西伯利亚一带。

山羊纹银当卢，颇具西域文化特色。独角羊母题早期可能与中国

透雕独角羊圆形玉佩

北方、东北的族群有关，战国晚期以后，特别是汉代，成为匈奴装饰品中极为流行的一类，传入中原文化圈后，经过加工改造，融入中原文化之中。大角羊在亚洲主要分布于中国西北地区和中亚，且银器的锻造、捶打工艺也源自西域，因此这件银当卢是汉代丝绸之路的重要物证。仔细观察这件银当卢独角羊之脚的造型，可以发现它与典型的匈奴风格有细微差异，很可能属于中原工匠的仿制品。刘贺墓出土的神兽形玉饰件、双狼噬猪形玉饰件也带有明显"胡风"。这一风气大约自战国晚期开始，西汉早中期甚为浓烈，基本与匈奴对中原的政治、军事影响力相始终。刘贺墓所出银质独角羊的形象，再一次证明了这种风气的存在。与此件当卢装饰图案最为接近者要数 1978 年西安市西北郊长安武库第七遗址出土的一件透雕独角羊圆形玉佩，二者仅材质不同，应出自同一艺术母题。

千文万华

天工造物——釦银贴金人物动物纹漆筒

釦银贴金人物动物纹漆笥
高 8.0、长 19.5、宽 7.0 厘米

　　鈃银贴金动物纹漆笥出土于刘贺墓西藏椁。呈长方形，由委角式器身与盝顶式器盖二部分套合而成。器壁分内外层，外壁和器底为斫制木胎；内壁为夹纻胎，卷制，紧贴于外壁，向上延伸形成子口、子口、器底有银鈃。盝顶式器盖，平顶和四面坡为斫制木胎，四壁为夹纻胎，卷制，盖平顶与四面坡、四面坡与四壁之间以及盖口部均有银鈃。器盖、器身四面各镶嵌 1 个青铜铺首衔环，共 8 个。外髹黑漆为底色，用红漆绘云气纹，通体贴金、银箔构成主题纹饰，有云纹、人物纹以及珍禽瑞兽纹等，图案精美。这些人物、动物跳跃于充满象征着仙界的云气纹中，描绘出一幅充满生机的神仙世界。内髹朱漆，盖内用黑漆绘珠蟹纹，衬以云气纹；内底用黑漆绘流云纹。这件图案繁复、色泽艳丽、富丽堂皇的漆笥，集西汉时期斫木、夹纻、彩绘、鈃银、贴金、镶铜等众多漆器工艺于一体，展现了西汉高超的漆器制作工艺。

错银戗金，飞扬华彩

　　鈃器是指口沿用金属装饰、加固的漆器，有加铜边、铜耳银边，也有纯以金镶边的。这本是适应漆器胎骨减薄而创造的一种加固技术，需由素工、髹工、上工、黄涂工、画工、雕工、清工、造工等经多道工序分工协作制成，西汉中后期发展成为夹纻胎上等漆器上的装饰工艺，刘贺墓出土了一大批鈃银、鈃铜漆器。这件漆笥运用了西汉新发明的金银贴花技术，类似于后世的金银平脱技法，金银相间，黄白争艳，色彩斑斓。其制作过程为：先制作器胎，做好银鈃口、边等，髹漆后在底漆上先施以彩绘，再将黄金、白银捶打成薄片，剪切出适合图案，并在其上雕刻出精细的菱格纹、云纹等图案，借助漆面黏性极强的特性把其贴

釦银贴金动物纹漆笥（复制品）

钿银贴金动物纹漆笥纹饰

釦银贴金嵌铜动物纹漆樽

于漆器表面，最后对制作好的器皿平整打磨，画面装饰精美、华丽，具有很高的艺术价值。

　　彩绘是漆器中最基本的装饰技法，古人将生漆加热，去掉水分，生漆就会变成棕红色的半透明漆，然后将采集到的植物油料或矿物颜料加入半透明漆中，调配出五颜六色的漆料。这件漆樽以黑漆为地，朱漆作画，黑色沉静，红色活泼，色彩上产生强烈对比，交相辉映，十分协调，黑红基调的色彩搭配，给人强烈的流动感、力量感和艺术美感。刘贺墓出土的釦银边贴金漆筒、流云纹漆案等漆器，在造型、装饰上代表了西汉漆器制作的巅峰水平。

流云纹漆案

漆器时代

汉代，漆器以其色美、质醇、耐用等特点，取代青铜器成为人们日常生活中使用的器具，同样也用于殉葬，以便到阴间继续使用，主要有樽、卮、耳杯、盘、碗、壶、几、屏风等，不仅设计巧妙，造型美观，用料考究，工艺精细，装饰纹样绚丽，色彩鲜艳，而且器类繁多，数量巨大，产品标准化程度高，服务于社会生活的诸多方面。一些汉代漆器的装饰风格虽与战国楚文化中的漆器一脉相承，但侧重点不同。楚文化注重图腾、注重律动，秦代艺术注重生活、注重平实，而汉代漆器则注重实用、注重人文，正是因为汉人好狩猎、车骑出行，所以轻巧便携的漆器成为时尚。汉代漆器是实用和美观相结合的典范，漆之美，美在生活。西汉漆器蕴含的审美情趣主要体现在漆器的色彩、纹饰、造型上，

釦银漆卮

精炼的造型融合生动之形象，再加上精湛的工艺，为西汉漆器注入丰富的人文精神，成为中国漆器工艺史上的黄金时代，汉代也因此称为漆器时代。

刘贺墓出土漆木器约 3000 件，其中较为完好、能辨识出器形者1100 余件，既有壶、鼎、耳杯、盘等饮食器皿，也有奁、盒、笥等生活日用品和盾、剑鞘之类武器，琴、瑟之类乐器，更有大型通体髹漆的钟磬架、乐车等，数量众多、器形丰富、纹饰精美、工艺繁复，是目前已知西汉墓葬中出土漆器品种、数量最多的一处。

龙纹漆画盾局部

釦银三子漆奁

虎纹漆画盾局部

"李具"漆耳杯

釦银龙纹漆盘

刘贺墓漆木器在数量上远超马王堆等同时期墓葬，尤其是带有"昌邑"款识的器具，更是代表了汉代诸侯王、乃至皇室的漆木器制作水准。刘贺墓漆木器的出土，为研究汉代漆木器制造工艺、装饰纹样、器物形制及器用等级提供了珍贵资料。

诸侯亲耕　新春祈年——「昌邑籍田」青铜鼎

"昌邑籍田"青铜鼎
高 34.0、最大腹径 44.0 厘米

　　"昌邑籍田"青铜鼎出土于刘贺墓东藏椁。此鼎是标准的汉鼎器形，子口微敛，腹中部圆鼓，下腹内收成圜底，三蹄形足，圆环状冲天耳微外撇，失盖。鼎腹刻铭文"昌邑籍田铜鼎，容十斗，重卅八斤，第二"。"第二"是器物编号，说明成套籍田用鼎至少有 2 件，是昌邑王举行籍田仪式的礼器。

　　此鼎铭文属于小篆，笔画细瘦，劲挺有力，笔意浓郁，书写的意味非常明显，线条挺拔而方折明显、结体方整而富有变化。西汉时期，由于炼钢技术的进步，刻刀更加坚硬锋利，使得东周时就已产生的细线刻工艺日渐成熟，青铜器铭文制作方法，为器物铸好后再在器壁上刻凿，与商周时期用范铸法铸造的铭文相比，笔画纤细，显得瘦劲。

"昌邑籍田"青铜鼎铭文

籍田劝农

　　"昌邑籍田"青铜鼎是我国首次发现记载西汉时期诸侯王国"籍田"礼仪的实物资料，也是我国自古重视农业生产，以农为本的生动例证。籍田不仅是天子礼，也是诸侯礼。耕耤礼自周代实行，开春时天子率领诸侯亲耕，象征一年农事的开始，是古代中国以农立国的一种表现形式。《礼记》云："是故昔者天子为藉千亩，冕而朱纮，躬秉耒；诸侯为藉百亩，冕而青纮，躬秉耒，以事天地山川、社稷、先

"昌邑籍田"豆形青铜灯

古，以为醴酪齐盛，于是乎取之，敬之至也。"籍田礼是西汉最重要的礼仪活动之一，从文帝始，每年孟春正月，朝廷都要在长安举行盛大的籍田礼，皇帝亲祀农神后，到籍田躬耕，在京的百官贵族都要参加，意在"祈年"和"劝农"。东汉时期，各郡国都要举行籍田礼，西汉是否如此，记载阙如。"昌邑籍田"青铜鼎就是昌邑王举行籍田仪式的礼器，它的发现，证明西汉时期各郡国也要隆重举行糟田礼。

"昌邑籍田"青铜鼎铭文有标明次第的序数"二"，说明这套鼎包括若干件，考虑到昌邑王为诸侯，当年这套鼎应该有七件，这是其中一件，其他的可能散失了。该墓还出土了1件青铜豆形灯，灯盘外侧刻有铭文"昌邑籍田烛定"，表明汉代籍田礼仪中还要用到灯。

寓礼于鼎

青铜是红铜与锡、铅等金属的合金，因外表呈青灰色而得名，用这种合金铸成的器物称为青铜器。青铜鼎是在新石器时代广泛使用的陶鼎基础上发展起来的食器，目前发现最早的青铜鼎始于二里头文化时期，即夏代，历经商周至两汉，是青铜器中使用时间最长的一种容器。青铜鼎是三代最为常见的食器，也是奴隶主贵族使用的重要礼器之一，有"钟鸣鼎食"之说。在墓葬中，以青铜鼎的地位最高，往往出土不同式样的鼎，并以鼎数的多少来表示墓主人的社会等级身份。

鼎用途广泛，既是一种烹煮器，又是一种盛食器，有时两者兼而用之，成为礼仪用器。从周代开始，形成了一套自天子至百姓的用鼎制度，以奇数为等次，大小依次成列，即列鼎制度。用鼎的数量及其组合，在礼制上有极为严格的规定，天子九鼎、诸侯七鼎、大夫五鼎、士三鼎，不得僭越。汉代何休在注解《公羊传·桓公二年》时指出："礼祭天子九鼎，诸侯七鼎，卿大夫五，元士三也。"相传夏代铸造九鼎，夏代灭亡后，九鼎为商所得，武王灭商时，又把九鼎迁到了洛阳。九鼎作为三

鎏金带盖青铜圆鼎

代天子传位重器的传说，影响极大，后世成语一言九鼎，即以此为本源。

鼎由耳、腹、足三部分组成，鼎流行时间长，形制丰富多变，依腹部形态分，有方鼎、盆形鼎、盘形鼎、罐形鼎、鬲鼎等；依足部形态分，有三足、四足之别。圆鼎始于夏代，作圆腹、圜底、直耳式，流行至两汉，其演变规律是：器壁由薄变厚，腹由深变浅，西周晚期鼎腹近半球形；足由空锥足变为短柱足、长柱足、蹄足、兽足；耳由小变大，由立耳变外附耳，由直立变微外撇、外撇；器表由商代前期光素无纹、无铭文到晚商时厚重的三层花，再到战国晚期、秦汉时的光素无纹；西周中期以后，出现带盖鼎，盖上有三纽，战国时带盖鼎还有子母口。圆鼎是汉代的主流鼎式，刘贺墓出土青铜鼎26件，皆为圆鼎，且多数带盖，通体鎏金，做工精细，富丽堂皇。

西汉青铜器日趋生活化

西汉时期铜矿开采和青铜铸造业主要由政府控制，从中央到地方，组织严密，机构庞大，所制器物精美，主要供宫廷、官府、贵族使用和内外赏赐之用。据《汉书·百官公卿表》，汉中央政府少府下设考工室和尚方，其长官分别称为考工令和尚方令，负责铜器铸造业；武帝元鼎二年（公元前115年）设置水衡都尉，管理上林苑，属官有主管铸造货币的钟官令丞、技巧丞和负责辨铜色的辨铜令丞。上述机构所铸铜器，主要供王室和贵族使用，出土汉代"尚方""考工""未央"等铭文铜器就是例证，尚方所造铜镜极为有名。西汉中后期，随着青铜器功能生活化、应用平民化的发展，铜器生产经营商品化进程快速推进，私营铜器制造业得到新的发展，取得了新的成就，形成了新的时代风貌。

"清白"铭文青铜镜

　　汉代青铜器，承战国晚期遗风，具有浓厚的时代特色，青铜礼器急剧衰弱，寓礼于器的时代已一去不复返，容器造型向实用方向发展，日用生活器皿和实用艺术品大量增加，三代流行的鼎、壶、钫等礼器，汉代虽然在沿用，但用途扩大了，更具一般日用器皿的功能。因此，汉代青铜器与商周青铜器相比，在器物的种类、器形、工艺技术以及用途等方面都有了明显变化，产品功能转到生活日用品上来，以前常见的礼器和兵器逐渐退出历史舞台，铜镜、印章、灯、盆等生活器皿日趋流行，装饰简朴、工艺多样、功能实用。

鎏金青铜鋞

上达天听　俯首称臣——刘贺夫妇奏牍

刘贺夫妇奏牍

长 23.0 、宽 6.6 、厚 0.7 厘米

刘贺夫妇奏牍出土于刘贺墓西藏椁，共 58 版，放在一件漆笥内。木质，大小接近，仅 9 版宽度约为 3 厘米。呈长条形片状，单面书写，右起分列直书，正文用隶书书写，末尾如果有记事或回复文字等内容，则用淡墨章草书写，以示区别。比如，元康三年（公元前 63 年）十月仆臣饶居代奏牍，最后一句"元康四年二月门大夫"为记录奏牍回复情况，用淡墨章草书写。

刘贺"秋请"，有再回朝堂之心？

这些奏牍是海昏侯刘贺、海昏侯夫人或仆臣代表海昏侯向皇帝、皇太后上奏的上行官文书，大致分为两类。一类没有实际内容，只有上书者和上书对象以及"昧死""再拜""陛下"等格式用语，比如："海昏侯夫人妾待昧死……太后陛下……"另一类为刘贺及夫人待分别上书皇帝或皇太后的奏牍，有简短的内容，其中可见元康三年至五年（公元前 63～前 61 年）。据《汉书》记载，汉宣帝元康年号只用了 4 年，第五年三月下诏改元神爵，刘贺墓出土元康五年二月奏牍，可与文献互证年号。

所出奏牍大体与"朝献""秋请""酎金"诸事有关。其行文格式基本一致，篇首为上书人的头衔、名字即海昏侯刘贺或其夫人待；中间部分为昧死再拜上书等套话，也有上书陈述的事情；末尾为上书呈献的对象即皇帝陛下或太后陛下以及上书时间；部分奏牍在上书内容之后记录有对奏牍的回复或对奏牍收录处理的时间和进行处理的人物，有些似乎包括朝廷对奏牍的回复，海昏侯府接受退回来奏牍的时间及接收人员的情况。比如："南藩海昏侯臣贺昧死□□书言……帝陛下陛下使海

元康三年十月仆臣饶居代奏牍

刘贺夫人奏牍

刘贺奏牍局部

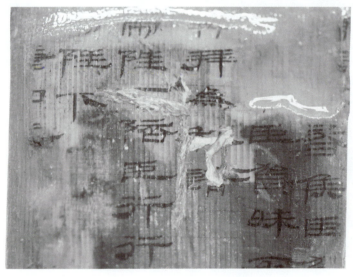

元康四年仆臣饶居代奏牍局部

元康四年仆臣饶居代奏牍

昏侯……臣贺昧死……再拜上……陛……元康四年"。

汉代已有对公文进行分类的意识，并且制定了相应的规定，东汉蔡邕记述汉代官府制度的《独断》中将上行官文书分为章、奏、表、议四大类。章的格式为"章者，需头称稽首上书""汉承秦法，群臣上书皆言昧死言。王莽盗位，慕古法，去昧死，曰稽首。光武因而不改，朝臣曰稽首顿首，非朝臣曰稽首再拜"。海昏侯为一方诸侯，"非朝臣"，奏牍后文"再拜上书"，符合"非朝臣曰稽首（昧死）再拜""章者，需头称稽首（昧死）上书"的格式规定，因而刘贺墓出土上行官文书木牍属于"章"。

刘贺墓出土奏牍中有些未涉及具体事件，只有"昧死""再拜""陛下"等反复出现的格式用语，根据内容来看，虽然没有"谢恩、陈事"，但出现了"秋请"等文字信息，也可以说是"请安"。比如："南藩海昏侯臣贺昧死再拜上书言□□□臣贺昧死再拜谨使佞□□□事仆臣饶居奉书昧死再拜为秋请皇帝陛下佞臣行行人事中庶……臣贺昧死……皇帝陛下元康四年……"这一奏牍系刘贺上奏汉宣帝，请求派仆臣饶居代为参加元康四年的秋请礼仪。

公文为何殉葬？

那么，刘贺夫妇向朝廷上奏的官文书正本为何会出现在刘贺墓中？关于此问题，笔者认为，刘贺墓中的奏牍，应是朝廷官员放置的。《汉书·景帝纪》云："列侯薨，遣太中大夫吊祠，视丧事，因立嗣"。刘贺死后，朝廷当派太中大夫等官员参与葬礼。这些奏牍，应该是太中大夫等官员将刘贺夫妇历年上书的正本带到海昏侯国，陪葬到刘贺墓中的。这也就能解释，为何进奏者为海昏侯夫人待的奏牍出现在刘贺的墓中，而不在侯夫人墓中。这些奏牍正本殉葬于刘贺墓中，体现了一种较为独特的汉代公文销毁制度。

有关酎金的奏牍

　　刘贺墓出土奏牍或是迄今所仅见的等级最高的汉代公文原本，是刘贺家族进奏给汉宣帝与上官太后的上行官文书，涉及朝献、酎金、秋请等内容，对研究当时的朝请制度、公文制度和刘贺被封为海昏侯前后的历史有重大意义。比如元康四年（公元前 62 年）为酎金一事的奏牍，还可以与同墓出土的"元康三年"墨书饼金铭文互证。目前所见汉代官文书，如武威出土的《王杖诏书令》、玉门关出土的《武帝遗诏》等，多系转抄，并非官文书的正本。刘贺墓出土奏牍是仅见的汉代高等级公文原本，对西汉公文制度研究具有重大价值。

　　西汉是中国文化史上的重要时期，更是中国书法史上的重要时期。隶书在汉代获得了大的发展，成为官方文书通用文字。刘贺墓出土奏牍上的文字应为专业刀笔吏代写，属标准汉隶，用笔沉稳，隶写规范，文字秀美，庄重典雅，既是这一时期不可多得的书法珍品，又是研究西汉中期隶书的重要材料。对于西汉中晚期书法，尤其是皇家书法是一个极大的补充，填补了史料空缺，必将有助于深化我们对汉代隶书演变过程的认识。这些奏牍以单块木牍独立成册、多行书写，字的间距十分均匀，这一形制较为少见，丰富了我们对汉代公文的认识。奏牍体现了汉代公文写作的格式规范与内容要求，明确的抬头制度、规范的格式用语，不仅能与其他出土文献进行对比，还能与传世文献进行互证。通过解读刘贺夫妇奏牍，不仅有助于确定墓主人的身份，还将丰富人们对西汉历史、文化、艺术的认知。

主要参考文献

（汉）司马迁：《史记》，中华书局，1959 年。

（汉）班固：《汉书》，中华书局，1962 年。

秦始皇兵马俑博物馆编：《秦始皇帝陵》，文物出版社，2009 年。

刘云辉：《陕西出土汉代玉器》，文物出版社、众志美术出版社，2009 年。

辛德勇：《海昏侯刘贺》，生活·读书·新知三联书店，2016 年。

江西省文物考古研究所等：《五色炫曜——南昌汉代海昏侯国考古成果》，江西人民出版社，2016 年。

辛德勇：《海昏侯新论》，生活·读书·新知三联书店，2019 年。

中国社会科学院考古研究所、河北省文物管理处:《满城汉墓发掘报告》，文物出版社，1980 年。

河北省文物研究所：《河北定县 40 号汉墓发掘简报》，《文物》1981 年第 8 期。

广州象岗汉墓发掘队：《西汉南越王墓发掘初步报告》，《考古》1984 年第 3 期。

山东大学考古系等：《山东长清县双乳山一号汉墓发掘简报》，《考古》1997 年第 3 期。

陕西省文物局文物鉴定组：《谭家乡汉代金饼整理报告》，《文博》2000 年第 3 期。

杜劲松：《关于西汉多黄金原因的研究》，《中国史研究》2003 年第 4 期。

济南市考古研究所等：《山东章丘市洛庄汉墓陪葬坑的清理》，《考古》2004 年第 8 期。

南京博物院等：《江苏盱眙县大云山西汉江都王陵一号墓》，《考古》2013 年第 10 期。

江西省文物考古研究所等：《南昌市西汉海昏侯墓》，《考古》2016 年第 7 期。

戴志强、李君：《从西汉刘贺墓说到我国古代的金银币》，《中国钱币》2016年第5期。

王意乐、徐长青等：《海昏侯刘贺墓出土孔子衣镜》，《南方文物》2016年第3期。

杨军、王楚宁等：《西汉海昏侯刘贺墓出土〈论语·知道〉简初探》，《文物》2016年第12期。

江西师范大学海昏历史文化研究中心：《纵论海昏》，江西教育出版社，2016年。

王意乐、徐长青：《海昏侯刘贺墓出土的奏牍》，《南方文物》2017年第1期。

刘慧中、田庄等：《海昏侯刘贺墓出土马蹄金、麟趾金意义探析》，《南方文物》2017年第1期。

杨君：《马蹄金和麟趾金考辨》，《中国钱币》2017年第3期。

杨一一、管理等：《西汉废帝海昏侯刘贺墓出土马蹄金、麟趾金花丝纹样的制作工艺研究》，《南方文物》2018年第2期。

王清雷、徐长青等：《试论海昏侯刘贺墓编纽钟的编列》，《音乐研究》2018年第5期。

江西省文物考古研究院等：《江西南昌西汉海昏侯墓出土玉器》，《文物》2018年第11期。

江西省文物考古研究院等：《江西南昌西汉海昏侯墓出土青铜器》，《文物》2018年第11期。

江西省文物考古研究院等：《江西南昌西汉海昏侯刘贺墓出土简牍》，《文物》2018年第11期。

江西省文物考古研究院等：《江西南昌西汉海昏侯墓出土漆木器》，《文物》2018年第11期。

刘子亮、杨军等：《汉代东王公传说与图像新探》，《文物》2018年第11期。

黄希、王恺等：《海昏侯墓出土马蹄金、麟趾金内嵌物的分析研究》，《文物保护与考古科学》2018年第4期。

后　记

1990 年，笔者从四川大学毕业，分配到江西省文博部门工作，不觉间 30 年一晃而过。我业余时间立足江西地方文化研究，学习、探索江西青铜文化；因工作需要，2004 年开始关注江西古陶瓷文化。2014年我从江西省博物馆调入江西省文化厅博物馆处工作后，初识海昏侯，参与了海昏侯刘贺墓园考古发掘、文物保护、文物展览相关工作。2016年 6 月，南昌汉代海昏侯国遗址管理局成立，我调入该局，成为第一代海昏人中一员，从此与海昏侯深度"关联"。自此，开始系统学习汉代历史、考古，关注、收集有关资料，把业余学习的方向从江西古陶瓷转向汉代考古这一新领域。此后 4 年间，我专心做一件事，那就是精心规划、精致建设南昌汉代海昏侯国考古遗址公园、遗址博物馆，第一期建设任务初步完成，将于 9 月对公众开放。

在工作中，经常有人问我：为什么要建设海昏侯国遗址公园？为什么要建设一个现代化的遗址博物馆？海昏侯文物的价值是什么？海昏侯的代表性文物是什么？这一系列问题的提出，使我产生了编一本科普读物来回应社会关切的想法。至于写点什么，一时还难以确定。恰好2019 年年初，文物出版社张自成社长邀请我写一本有关海昏侯文物鉴赏的书，考虑到 2018 年我曾策划了海昏侯十大文物评选活动，获得了很大反响。于是我们商定，编写《刘贺藏珍：海昏侯国遗址博物馆十大镇馆之宝》一书，向遗址博物馆开馆献礼。

本研究获 2016 年度国家社会科学基金重大项目（批准号 16@ZH022）资助，为该项目前期研究成果。海昏侯是一个热门 IP，入选2015 年度全国十大考古新发现、2016 年度中国十大文物新闻、2017 年度中国十大学术热点、2017 ～ 2019 年度世界重大考古发现等，已经公开发表、出版的论文、论著很多。在本书编写过程中，我参考了大量已有研究成果，囿于体例，不能在书中一一注释，采用附录的方式列出了主要参考文献；海昏侯墓考古领队杨军为我观摩出土文物标本提供帮助，赵可明、郭晶、付露等为本书拍摄图片。该书的出版，是我参与海昏侯国遗址保护和博物馆建设工作的一个小结。面积 4 万平方米的遗址博物馆是海昏侯国遗址考古出土文物的收藏、保护、研究、展示中心，力争用现代化的设施来收藏文物，用最新的科研成果来修复、保护文物，用最新的理念来展示、传播文物。展览体系包括基本陈列"金色海昏·汉代海昏侯国历史与文化展"、专题陈列"书香海昏·汉代海昏侯国简牍文化展"和"丹漆海昏·汉代海昏侯国漆器文化展"、观众互动展"遇见海昏"，十大镇馆之宝分别在 4 个展区中以不同的方式得到重点展示，是传播海昏文化的重要文物。6 年来，在工作中，国家文物局、江西省、南昌市领导给予热情指导，白云翔、信立祥等专家给予热心指点，让我开阔了视野，明确了方向，增长了见识，在工作中思考，在学习中精进，偶有所得。在本书付梓之即，我向所有支持、关心本书编辑出版的领导、同事、同仁表示衷心感谢！

岁次庚子仲夏端阳日于南昌

彭明瀚